OS BENEFÍCIOS DO
ABACATE

OS BENEFÍCIOS DO

ABACATE

40 RECEITAS DELICIOSAS PARA FORTALECER A SAÚDE

LUCY JESSOP
FOTOS DE CLARE WINFIELD

PubliFolha

SUMÁRIO

6.
INTRODUÇÃO

12.
BATIDO

32.
AMASSADO

48.
EM PEDAÇOS

78.
DOCE

90.
INFORMAÇÕES

92.
ÍNDICE

FEBRE DE ABACATE

Todos gostam de abacate – mas por quê?
Quando tenho vontade de comer abacate, não consigo trocá-lo por nada. Ele é único. Ao contrário da maioria das outras frutas, legumes e verduras, o abacate é difícil de substituir – a cremosidade exuberante e aveludada e o sabor rico, suave e fresco são incomparáveis. Um abacate acrescenta algo de especial a qualquer receita, um toque diferente de tudo; ele é saudável e gostoso, tudo ao mesmo tempo. Também é versátil, simples e rápido de preparar e absurdamente nutritivo.

   O objetivo das minhas receitas é celebrar toda essa delícia e mostrar o seu verdadeiro potencial, mantendo um preparo fácil e um resultado saudável. Aqui, o abacate acrescenta não só uma camada a mais de prazer (e de nutrientes) a grandes clássicos atemporais, como também transforma pratos tipicamente pesados em alternativas mais saudáveis.

   As receitas são, acima de tudo, elaboradas para a vida real: desde jantares rápidos e nutritivos durante a semana, saladas ricas e revigorantes que saciam a fome, petiscos e almoços até brunches de feriado, comida leve de verão e doces deliciosos.

ABACATE DE MIL FORMAS

Com o abacate não há regras; ele é o ingrediente mais versátil com o qual já cozinhei, tanto pelo sabor quanto pelas maneiras maravilhosas e infindáveis nas quais ele pode ser preparado. Amassado, batido, fatiado, assado, grelhado, congelado, a lista não tem fim, e o abacate brilha em todas as formas. As receitas são divididas em quatro capítulos – de acordo com a maneira que você escolher preparar seu abacate: batido, amassado, em pedaços e doce.

No capítulo **"Batido"** há molhos para salada e sopas aveludadas, um pesto viciante, molhos deliciosos para mergulhar vegetais crocantes e smoothies nutritivos.

"Amassado" traz o guacamole clássico e outras versões para passar na torrada, cobrir com ovos ou comer com pão chato, como o pita.

No capítulo **"Em pedaços"**, os abacates são cortados em cubos e fatias, transformados em picles, grelhados e empanados – há salsas, ceviches de dar água na boca e jantares leves.

Por fim, **"Doce"** revela o potencial surpreendente do abacate, mostrando como ele pode substituir a manteiga, o creme de leite e até mesmo o ovo em receitas de bolos e sobremesas deliciosos e saudáveis.

Se existem incontáveis maneiras de preparar um abacate, sua versatilidade de sabor é ainda maior. A textura aveludada característica e o gosto untuoso, cremoso, leve e suave o tornam muito adaptável. Ele acalma e suaviza o ardor da pimenta ou do gengibre, equilibra a acidez cítrica e as ervas aromáticas, acolhe bem especiarias delicadas, acompanha à altura um peixe defumado ou um queijo picante; sua consistência verde e herbácea parece combinar perfeitamente com todos os vegetais, oleaginosas, grãos e sementes.

Como cada país tem uma maneira própria e deliciosa de consumir abacate, essas receitas são inspiradas em sabores do mundo todo, desde a América Central, terra nativa da fruta, até Japão, Oriente Médio, Tailândia, Espanha, França, Itália, Escandinávia e outros.

TUDO SOBRE O ABACATE

O abacateiro é nativo da América Central e do México. É cultivado há milhares de anos na região nativa e na América do Sul. Existem centenas de variedades de abacate, mas hoje apenas algumas são cultivadas para exportação comercial – em lugares como México, Chile, Peru, Califórnia, África do Sul e Nova Zelândia.

As variedades mais comuns de abacate no Brasil são: o Manteiga, em forma de pera, o Guatemala, oval e com a casca rugosa, e o Pescoço, semelhante ao Manteiga, porém mais alongado. Há também o Quintal, híbrido do Guatemala.

NOTA SOBRE ALIMENTAÇÃO SAUDÁVEL

Para mim, o sabor é a única solução para uma alimentação saudável e é sempre minha prioridade quando crio uma receita. Com ele vem a saciedade, deixando pouca vontade (ou espaço) para alimentos pouco benéficos.

Nenhuma dessas receitas é uma adaptação forçada a ser saudável. Algumas são vegetarianas ou facilmente adaptadas para assim o serem, e uma boa quantidade é adequada a quem evita glúten e laticínios. Abacate só faz bem, portanto cada receita é, por padrão, nutritiva e equilibrada. Muitas são repletas de virtudes naturais, feitas com legumes frescos, cereais integrais e poucos ingredientes processados, e a maioria é extremamente benéfica, e uma ou outra são quitutes a serem saboreados de vez em quando.

Amassado sobre uma torrada com uma pitada de sal marinho e algumas gotas de limão – é essa a sensação de exuberância que o abacate proporciona até ao mais simples dos pratos e que iguala "saudável" a "delicioso", e não a "obrigação", razão pela qual muitos de nós o adoramos. Espero que todas as receitas deste livro sejam assim: comida para alegrar o seu dia e fazer você se sentir bem, receitas que você vai repetir sempre, compartilhar com sua família e indicar para os amigos. Espero que goste delas tanto quanto eu gostei de criá-las.

OS BENEFÍCIOS DO ABACATE

O termo "superalimento" é usado em demasia, mas para o abacate esse título é adequado e merecido. Abacates fornecem cerca de vinte vitaminas e minerais, incluindo quantidades importantes de fibra, gorduras boas, ácido fólico, vitamina E e potássio.

Não dá para negar que é rico em gordura (e também em calorias), mas isso não deve desencorajar ninguém a ingeri-lo, pois são gorduras boas, monoinsaturadas, que ajudam a reduzir os níveis de colesterol e a manter um peso saudável. Esse tipo de gordura também melhora a absorção das vitaminas A, D, E e K, que são lipossolúveis. Nos bolos e nas sobremesas, o abacate oferece uma alternativa mais saudável à manteiga ou ao creme de leite, o que descarta a necessidade dos laticínios (portanto, adequado aos alérgicos, veganos e intolerantes), e também reduz a quantidade de gordura saturada.

♦ A vitamina E é um antioxidante poderoso que pode ajudar a reduzir o risco de doenças cardíacas e proteger as células do corpo contra os danos dos radicais livres – no geral, ela é importante para manter a pele, os olhos e o sistema imunológico saudáveis.
♦ O abacate também é uma boa fonte de potássio (no qual é mais rico que a banana), que ajuda a equilibrar o sódio na dieta e a preservar a pressão sanguínea saudável.
♦ O ácido fólico é outro nutriente do abacate. Essa vitamina (B9) é fundamental para manter uma boa produção de glóbulos vermelhos e é importante, sobretudo, para mulheres nos estágios iniciais da gravidez ou que estão tentando engravidar.

Dicas para escolher bem e armazenar
♦ Prefira abacates pesados para o seu tamanho.
♦ Verifique se não estão machucados ou amassados.
♦ Armazene-os em temperatura ambiente ou em local fresco.

Como saber se está maduro
♦ A casca verde vai ficando ligeiramente escura à medida que o abacate amadurece.
♦ Não se baseie apenas na cor da casca para determinar a maturação – o toque é igualmente importante, se não for mais. Segure o abacate na palma da mão e aperte-o com delicadeza: ele deve ceder um pouco. Nunca o pressione com firmeza nem cutuque, pois ele fica machucado facilmente.

Como amadurecê-lo
Abacates, assim como as bananas, liberam gás etileno, que é essencial para o processo de amadurecimento. Coloque seu abacate verde em um saco de papel pardo (como um saco de pão vazio) ou em uma lata com tampa. Isso vai reter o gás etileno e ajudá-lo a amadurecer mais rápido. Armazene-o em temperatura ambiente.

Adicione uma banana ao saco ou lata, pois isso aumentará a quantidade de gás etileno e acelerará o processo.

BATIDO

SHOT DE GASPACHO VERDE * SEM LATICÍNIOS

Em um dia abafado, uma sopa gelada é um alívio refrescante. Essa receita se inspira no gaspacho espanhol, mas envereda por sabores asiáticos. Fica linda servida em copos de shot.

Rende 12 unidades como aperitivo (doses de 50 ml) ou 6-8 porções como entrada

1 dente de alho
½ pepino (200 g)
½ pimentão verde sem sementes e picado
25 g de amêndoa sem pele
1 pimenta-malagueta verde sem sementes
½ abacate pequeno maduro (cerca de 150 g)
1 fatia grossa de pão italiano amanhecido (50 g)
um punhado grande de folhas de coentro
um punhado grande de folhas de manjericão
3 cebolinhas (só a parte branca)
3 cols. (sopa) de suco de limão
250 ml de água gelada
sal marinho e pimenta-do-reino moída na hora

Para a salsa de manga e caranguejo

75 g de manga madura cortada em cubos pequenos
75 g de carne branca de caranguejo
½ pimenta-malagueta verde sem sementes e picada
1 col. (sopa) de folhas de coentro picadas finamente
suco e raspas de 1 limão

1. No processador ou liquidificador, bata todos os ingredientes do gaspacho com uma boa pitada de sal marinho e pimenta-do-reino até ficar cremoso. Se necessário, junte mais água para obter uma consistência líquida. Prove e, se desejar, acerte o tempero e adicione mais suco de limão. Leve à geladeira por 2 horas ou até ficar bem gelado.

2. Para servir, misture a manga com o caranguejo, a pimenta-malagueta verde, as folhas de coentro picadas, o suco e as raspas de limão. Despeje a sopa em copos de shot, com gelo se for um dia bem quente, e complete com a salsa de manga e caranguejo. Sirva imediatamente.

Antes de utilizar, lave o abacate com casca sob água fria corrente para remover quaisquer sujeiras. Em seguida, seque-o com um pano de prato ou papel-toalha.

SOPA TAILANDESA DE MILHO E COCO

SEM LATICÍNIOS

Junte frango desfiado a essa sopa para torná-la mais substanciosa. Para uma versão vegetariana, use caldo de legumes e substitua o molho de peixe por molho de soja light, e, para uma versão sem glúten, utilize caldo sem glúten e molho tamari em vez de molho de peixe.

Rende 4 porções

2 dentes de alho
2 pimentas olho de pássaro [ou pimentas-malaguetas] sem sementes e picadas (reserve um pouco para servir)
4 folhas de limão-kaffir [ou de outra variedade]
2 echalotas*
4 ramos de capim-limão picados
um maço pequeno de manjericão e um de coentro, folhas e talos picados separadamente
400 ml de leite de coco
800 ml de caldo de frango ou de legumes
2 cols. (sopa) de molho tailandês de peixe [nam pla]
4 espigas de milho-verde
raspas e suco de 1 limão, mais 1 limão cortado em cunhas, para servir
½ abacate médio maduro, mais um pouco para servir
sal marinho e pimenta-do-reino moída na hora

1. Coloque o alho, a pimenta, as folhas de limão, a echalota e o capim-limão no processador. Junte os ramos de manjericão e de coentro – cerca de 1 colher (sopa) de cada – e um pouco de água fria e bata até formar uma pasta fina. Transfira para uma panela grande com um pouco de água e leve ao fogo, mexendo por 4-5 minutos, até amolecer.

2. Adicione o leite de coco, o caldo e o molho de peixe e leve à fervura. Abaixe o fogo e deixe cozinhar por 20 minutos. Transfira para o liquidificador em lotes e bata até engrossar. Passe por uma peneira fina, apertando a pasta para extrair o sabor.

3. Volte o líquido à panela e deixe borbulhar em fogo baixo. Retire os grãos de milho das espigas e leve-os à panela. Cozinhe por cerca de 10-12 minutos, ou até ficarem macios.

4. Junte o suco e as raspas de 1 limão e metade das folhas de manjericão e de coentro. Bata metade da sopa com o abacate em lotes no liquidificador, até ficar homogênea. Despeje de volta na panela e misture com o restante da sopa.

5. Adicione a maior parte das ervas restantes (reserve um pouco para guarnecer), tempere com sal, pimenta-do-reino e mais suco de limão a gosto, depois reaqueça levemente.

6. Despeje em tigelas com alguns cubos de abacate, pimenta olho de pássaro picada e o restante das folhas de coentro e de manjericão rasgadas e espalhadas por cima. Sirva com as cunhas de limão.

* A echalota é um tipo de cebola com sabor levemente adocicado e mais suave. Caso não encontre substitua por cebola-pérola ou cebola roxa (neste caso em menor quantidade que a pedida na receita).

AÏOLI DE ABACATE E ALHO ASSADO * VEGETARIANO * SEM GLÚTEN

Às vezes, um bom aïoli é a única coisa que você precisa para acompanhar uma batata assada ou frita, ou então legumes crocantes. Essa versão combina abacate, iogurte grego e alho assado e tem um sabor suave e delicioso.

Rende 4-6 porções

Para o aïoli de abacate
6 dentes de alho com casca
suco e raspas de ½ limão-
 -siciliano
2 cols. (sopa) de iogurte grego
 sem açúcar
¼ de abacate pequeno maduro
sal marinho e pimenta-do-
 -reino moída na hora

Para servir
uma seleção variada de
 vegetais crus, como
 rabanete, cenoura baby,
 couve-flor em floretes e aipo

1. Preaqueça o forno a 180°C. Coloque os dentes de alho sobre um pedaço de papel-alumínio, adicione 1 colher (sopa) de água e embrulhe para fazer um papelote. Asse por 30-40 minutos, até o alho ficar macio. Abra o papelote com atenção (cuidado com o vapor quente) e deixe esfriar um pouco. Em seguida, esprema o alho macio da casca e leve-o ao processador.

2. Adicione o suco e as raspas de limão-siciliano, o iogurte grego e a polpa do abacate. Tempere generosamente e bata até ficar homogêneo. Prove e, se necessário, adicione sal e pimenta-do-reino e/ou suco de limão-siciliano a gosto.

3. Transfira para uma tigela e sirva-a sobre uma tábua ou acompanhada dos vegetais crus para mergulhar.

Deseja reduzir a gordura saturada ou evitar laticínios? Troque a manteiga tradicional por uma "manteiga" de abacate: bata o abacate com um pouco de suco de limão, uma pitada de sal marinho e uma pitada de pimenta-de-caiena ou páprica. Fica delicioso com torradas ou como recheio para sanduíches.

SALADA CAESAR

Uma salada Caesar bem-feita é imbatível num dia quente – folhas crocantes revestidas com um molho cremoso e levemente azedo, daqueles que sempre dá vontade de mais. A receita clássica usa gema crua e muito azeite extravirgem para dar cremosidade; já as versões mais simples utilizam maionese comprada pronta. Aqui, usei abacate, o que a deixou fácil de fazer, além de mais saudável e saborosa. Se quiser, acrescente frango.

Rende 4 porções

Para o molho Caesar
1 dente de alho pequeno picado finamente
3 anchovas em conserva escorridas e picadas
1 col. (chá) bem cheia de mostarda de Dijon
4 cols. (sopa) de suco de limão-siciliano
25 g de parmesão ralado finamente
¼ de abacate grande maduro
sal marinho e pimenta-do-reino moída na hora

Para a salada
1-2 pés de alface-romana baby cortados em cunhas finas
10 filés de anchova marinados*
½ abacate fatiado
um punhado grande de croûtons caseiros (ver dica)
lascas de parmesão

1. Comece pelo molho. No processador, bata o alho picado, a anchova, a mostarda de Dijon, o suco de limão-siciliano e o parmesão até ficar homogêneo. Pique grosseiramente a polpa de abacate e adicione ao processador. Bata até ficar homogêneo e junte 2-3 colheres (sopa) de água gelada se o molho estiver muito grosso – a consistência ideal deve ser para regar. Tempere a gosto com sal, pimenta-do-reino e um pouco mais de suco de limão.

* Para a anchova marinada, misture numa tigela: suco de 1 limão-siciliano, ½ colher (sopa) de vinagre de vinho, ¼ de cebola picada finamente, azeite extravirgem, lemon pepper e sal e pimenta-do-reino moída na hora a gosto. Coloque 300 g de filés de anchova fresca na marinada e deixe por pelo menos 4 horas na geladeira.

2. Para a salada, misture as cunhas de alface-romana baby e os filés de anchova em uma vasilha grande. Regue com o molho, apenas o suficiente para revestir as folhas, depois misture tudo.

3. Divida entre os pratos, junte as fatias de abacate, espalhe os croûtons caseiros por cima e finalize com as lascas de parmesão.

Para os croûtons, misture cubos de pão de fôrma branco amanhecido com um pouco de azeite, bastante sal e pimenta-do-reino e leve-os ao forno preaquecido a 200°C por 5-10 minutos, até dourarem e ficarem crocantes.

SALADA DE ATUM COM ABACATE
SEM LATICÍNIOS

Essa salada reúne tudo de bom do sushi. Para um prato sem glúten, troque o molho de soja pelo molho tamari. Vegetarianos podem servir cogumelos refogados ou tofu no lugar do atum.

Rende 2 porções

Para o molho de wasabi
¼ de abacate pequeno maduro
½ col. (chá) de pasta de wasabi
3 cols. (sopa) de suco de limão
1 col. (chá) de óleo de gergelim torrado
2 cols. (chá) de molho de soja
2 cols. (chá) de suco de yuzu [ou limão-siciliano] (opcional)
sal marinho e pimenta-do-reino moída na hora

Para a salada
100 g de edamame congelado
250 g de arroz integral cozido
100 g de ervilha sugar snap [ou ervilha-torta] fatiada
1 col. (sopa) de gengibre em conserva [gari] escorrido e picado
¼ de abacate pequeno maduro fatiado
75 g de rabanete fatiado
4 cebolinhas fatiadas
1 col. (sopa) de gergelim preto e 1 de gergelim branco
250 g de filé de atum
½ folha de alga nori em pedaços (opcional)

1. Prepare primeiro o molho. Pique grosseiramente a polpa do abacate e coloque-a no processador com o restante dos ingredientes do molho. Bata até ficar homogêneo. Tempere a gosto. Junte 1 colher (sopa) de água gelada se o molho estiver muito grosso.

2. Para a salada, cozinhe o edamame em água salgada fervente por 2 minutos, escorra, passe sob água fria e retire as cascas. Coloque o edamame em uma tigela grande com o arroz integral, a ervilha sugar snap, o gengibre em conserva, o abacate, o rabanete e a cebolinha. Despeje o molho e misture delicadamente.

3. Espalhe o gergelim em um prato. Preaqueça uma frigideira até ficar quente. Passe o atum no gergelim e vire para revestir os dois lados de maneira uniforme. Leve-o à frigideira e sele por 30 segundos a 1 minuto de cada lado, dependendo da espessura – ele deve ficar cru no meio. Transfira para uma tábua e corte-o em fatias finas.

4. Divida a salada entre dois pratos e cubra-a com as fatias de atum. Espalhe por cima o gergelim restante e, se desejar, os pedaços de alga nori.

SALADA ESPIRAL COM SATAY DE ABACATE

* VEGETARIANO * SEM LATICÍNIOS

Quando tiver vontade de comer algo leve, mas que sacie a fome, essa salada com molho ao estilo satay é perfeita. Para uma versão sem glúten, troque o molho de soja por tamari.

Rende 4 porções

Para o molho Satay
1 col. (sopa) de molho de soja
1 col. (sopa) bem cheia de gengibre ralado na hora
2 cols. (sopa) de leite de coco
3 cols. (sopa) de pasta de amendoim crocante
½ col. (chá) de mel
4 cols. (sopa) de suco de limão
raspas de 1 limão
¼ de abacate pequeno maduro (cerca de 100 g)
2 pimentas-malaguetas sem sementes e picadas

Para a salada
4 abobrinhas
2 cenouras grandes
um punhado pequeno de folhas de coentro

1. Coloque o molho de soja, o gengibre, o leite de coco, a pasta de amendoim, o mel e o suco de limão no processador e bata até formar uma pasta.

2. Adicione as raspas de limão e a polpa do abacate. Bata até ficar homogêneo. Prove o tempero e adicione um pouco mais de molho de soja e de mel, se necessário. Junte a maior parte da pimenta-malagueta.

3. Corte os legumes em espiral (se não tiver um fatiador de legumes em espiral, utilize o descascador de legumes para cortar fatias bem finas) e transfira para uma tigela grande. Junte o molho, a maior parte das folhas de coentro e misture bem. Divida entre quatro pratos e finalize com a pimenta-malagueta e o coentro restantes. Sirva imediatamente.

Use o restante do abacate maduro para preparar o Brownie de chocolate e avelã (p. 86) ou o Bolo inglês de banana e nozes (p. 89).

LINGUINE COM PESTO DE ABACATE

Essa é uma das minhas maneiras favoritas de comer abacate. Sua textura cremosa é um substituto brilhante para o azeite no pesto clássico. Essa versão combina pistaches, hortelã e parmesão e vai fazer uma travessa de linguine acabar em poucos minutos. Para tornar a receita vegetariana, use um queijo vegetariano duro.

Rende 2 porções

150 g de linguine
100 g de ervilha congelada
1 abobrinha ralada grosseiramente

Para o pesto de abacate
50 g de pistache
½ dente de alho picado finamente
⅓ de abacate grande maduro
suco de ½ limão-siciliano, mais algumas cunhas, para servir
50 g de pecorino ou parmesão ralado finamente na hora, mais um pouco para servir
40 g de folhas de hortelã, mais um pouco para servir
sal marinho e pimenta-do-reino moída na hora

1. Preaqueça o forno a 200°C. Prepare o pesto. Espalhe os pistaches em uma assadeira grande e leve-os ao forno por 4-5 minutos, até tostar. Deixe esfriar.

2. Coloque o pistache já frio e o alho no processador. Pique grosseiramente a polpa de abacate e leve-a ao processador com o suco de limão, o pecorino ralado, as folhas de hortelã e 2 colheres (sopa) de água fria.

3. Adicione uma boa pitada de sal e pimenta-do-reino. Pulse para fazer um molho grosso, com consistência de pesto – adicione um pouco mais de água, se necessário, ou suco de limão a gosto.

4. Em seguida, cozinhe a massa em água fervente salgada até ficar *al dente*. Junte as ervilhas à panela no último minuto do cozimento.

5. Escorra bem, reserve algumas colheradas da água do cozimento e coloque de volta na panela. Junte a abobrinha, o pesto e a água reservada para diluir. Mexa. Sirva com o pecorino e as folhas de hortelã.

CHIPS DE BATATA-DOCE COM MAIONESE DE ABACATE

*VEGETARIANO *SEM LATICÍNIOS *SEM GLÚTEN

Talvez você nunca mais volte à maionese normal. Essa versão, que não leva laticínios nem ovo, é uma mistura simples de abacate sedoso e suave, gengibre picante e uma pitada de alho e gotas de limão, com um toque extra e opcional de pimenta. Espalhe em um sanduíche ou sirva como acompanhamento para esses chips saborosos.

Rende 4 porções

Para a batata-doce
4 batatas-doces com casca (cerca de 800 g)
3 cols. (sopa) de azeite
3 cols. (sopa) de farinha de milho pré-cozida para polenta
1 col. (chá) de páprica
sal marinho

Para a maionese de abacate
½ abacate grande maduro
40 g de gengibre descascado e ralado finamente
½ dente de alho pequeno amassado
3 cols. (sopa) de suco de limão
raspas de 1 limão
algumas gotas de Tabasco (opcional)
1 col. (sopa) de azeite
sal marinho

1. Preaqueça o forno a 200°C. Lave bem a batata-doce com água fria e seque-a completamente com um pano de prato limpo. Corte-a no sentido do comprimento em palitos com 1 cm de espessura. Transfira para uma vasilha grande. Adicione o azeite e mexa bem. Depois junte a farinha de milho, a páprica e uma boa pitada de sal marinho. Misture até revestir as batatas-doces de maneira uniforme.

2. Espalhe os palitos em duas assadeiras grandes. Eles precisam de todo o espaço possível, portanto devem ficar em uma única camada. Asse por 35-40 minutos, até ficarem macios e crocantes.

3. Enquanto isso, faça a "maionese". Coloque a polpa do abacate no processador, adicione o gengibre, o alho, o suco e as raspas de limão, o Tabasco (se for usar), o azeite, 1 colher (sopa) de água fria e uma pitada grande de sal marinho. Bata até ficar homogêneo. Transfira para um potinho e sirva com os palitos de batata-doce quentes e crocantes.

Smoothies de frutas fornecem boa quantidade de nutrientes em poucos goles. O abacate acrescenta uma textura lisa e aveludada e elimina a necessidade de leite, tudo isso elevando os benefícios nutricionais às alturas. Ficam melhores se feitas com frutas geladas (ou congeladas).

SMOOTHIES
TODOS * VEGETARIANOS * SEM GLÚTEN * SEM LATICÍNIOS

Cada um rende 2 porções

VERMELHO

¼ de abacate grande maduro
100 g de framboesa congelada (ou fresca)
½ banana madura (cerca de 60 g)
2 cols. (chá) de mel
200 ml de água gelada

Hidratante, revigorante e delicioso, esse smoothie é ótimo em qualquer momento do dia: no café da manhã, após exercícios físicos ou sempre que você precisar de uma dose extra de energia.

Coloque a polpa do abacate com os demais ingredientes no mixer, processador ou liquidificador. Bata até ficar homogêneo. Despeje em dois copos e sirva imediatamente.

TROPICAL

¼ de abacate grande maduro
125 g de polpa de manga congelada ou fresca
suco de ½ limão
250 ml de leite de coco (a versão para beber)
½-1 col. (chá) de mel (dependendo da doçura da manga)
polpa e sementes de 2 maracujás (opcional)

Imagine que você está tomando sol em uma praia enquanto saboreia esse smoothie: certamente seu dia já vai começar bem.

Coloque a polpa do abacate com os demais ingredientes, exceto o maracujá, no mixer, processador ou liquidificador. Bata até ficar homogêneo. Junte a polpa e as sementes de maracujá, se desejar. Despeje em dois copos e sirva imediatamente.

CREMOSO

¼ de abacate grande maduro
1 banana madura
200 ml de leite de amêndoa gelado e não adoçado
1 col. (sopa) de pasta de amêndoa (ou pasta de amendoim)
1-2 cols. (chá) de mel a gosto, dependendo da doçura da banana
1 col. (sopa) de flocos de aveia (sem glúten)

É muito saboroso – lembra até um milk-shake. Perfeito para um café da manhã apressado ou após exercícios físicos, esse smoothie vai reabastecer rapidamente seus níveis de energia.

Coloque a polpa do abacate com os demais ingredientes no mixer, processador ou liquidificador. Bata até ficar homogêneo. Despeje em dois copos e sirva imediatamente.

VERDE

¼ de abacate grande maduro
¼ de banana madura
25 g de folhas de espinafre
100 g de melão maduro (como o cantalupo) cortado em pedaços
1 maçã cortada em quartos sem miolo (cerca de 100 g)
2,5 cm de gengibre descascado e ralado
175 ml de água de coco gelada
10 folhas de hortelã

Esse smoothie deliciosamente verde é riquíssimo em nutrientes. Beba-o no café da manhã e sinta-se animado pelo resto do dia.

Coloque a polpa do abacate com os demais ingredientes no mixer, processador ou liquidificador. Bata até ficar homogêneo. Despeje em dois copos e sirva imediatamente.

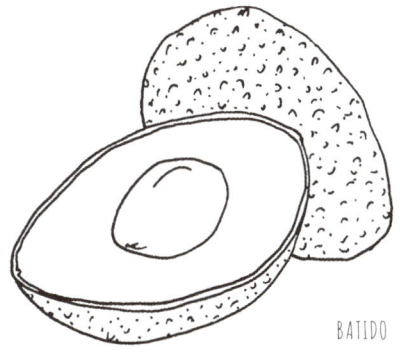

AMASSADO

GUACAMOLE CLÁSSICO COM CHIPS DE TORTILHA
* VEGETARIANO

São inúmeras as variações desse prato popular que nunca sai de moda. Algumas são incrivelmente básicas – juntam apenas abacate, limão e sal. Outras levam alho em vez de cebola ou não utilizam tomate e coentro. Há, ainda, aquelas que fazem a boca formigar de tão picantes. Essa é a minha versão favorita, mas prove todas para, então, descobrir qual é a sua – as possibilidades são infinitas.

Rende 4 porções

Para os chips de tortilha
8 tortilhas de milho de textura maleável
2 cols. (sopa) de óleo
1 col. (chá) de sementes de cominho
1 col. (chá) de sal marinho
1 col. (chá) de páprica defumada
raspas de 2 limões

Para o guacamole
1 abacate grande maduro
1 pimenta-malagueta sem sementes e picada finamente
75 g de tomate-cereja picado grosseiramente
suco e raspas de 1 limão
1 col. (sopa) de cebola roxa picada finamente
um punhado pequeno de folhas de coentro picadas grosseiramente

1. Comece pelos chips de tortilha. Preaqueça o forno a 220°C. Pincele as tortilhas com um pouco de óleo de cada lado e corte cada uma em oito triângulos.

2. Coloque as sementes de cominho em um almofariz com ½ colher (chá) de sal marinho e amasse um pouco com o pilão. Misture com a páprica defumada. Coloque metade dos triângulos de tortilha em uma tigela e adicione metade da mistura de especiarias. Mexa delicadamente com as mãos limpas para revestir. Espalhe-as sobre uma assadeira grande sem as sobrepor. Repita com o restante das tortilhas. Você vai precisar de pelo menos três assadeiras grandes (ou então asse em lotes).

3. Leve-as ao forno por cerca de 5 minutos, até dourarem ou ficarem crocantes. Deixe esfriar um pouco.

4. Enquanto isso, faça o guacamole. Pique grosseiramente a polpa de abacate e transfira para uma tigela com a pimenta-malagueta, o tomate-cereja, o suco e as raspas de limão, a cebola roxa e o coentro. Junte uma boa pitada de sal marinho, misture bem e acerte o tempero.

5. Misture a ½ colher (chá) de sal marinho restante com as raspas de limão e polvilhe as tortilhas. Sirva imediatamente com o guacamole.

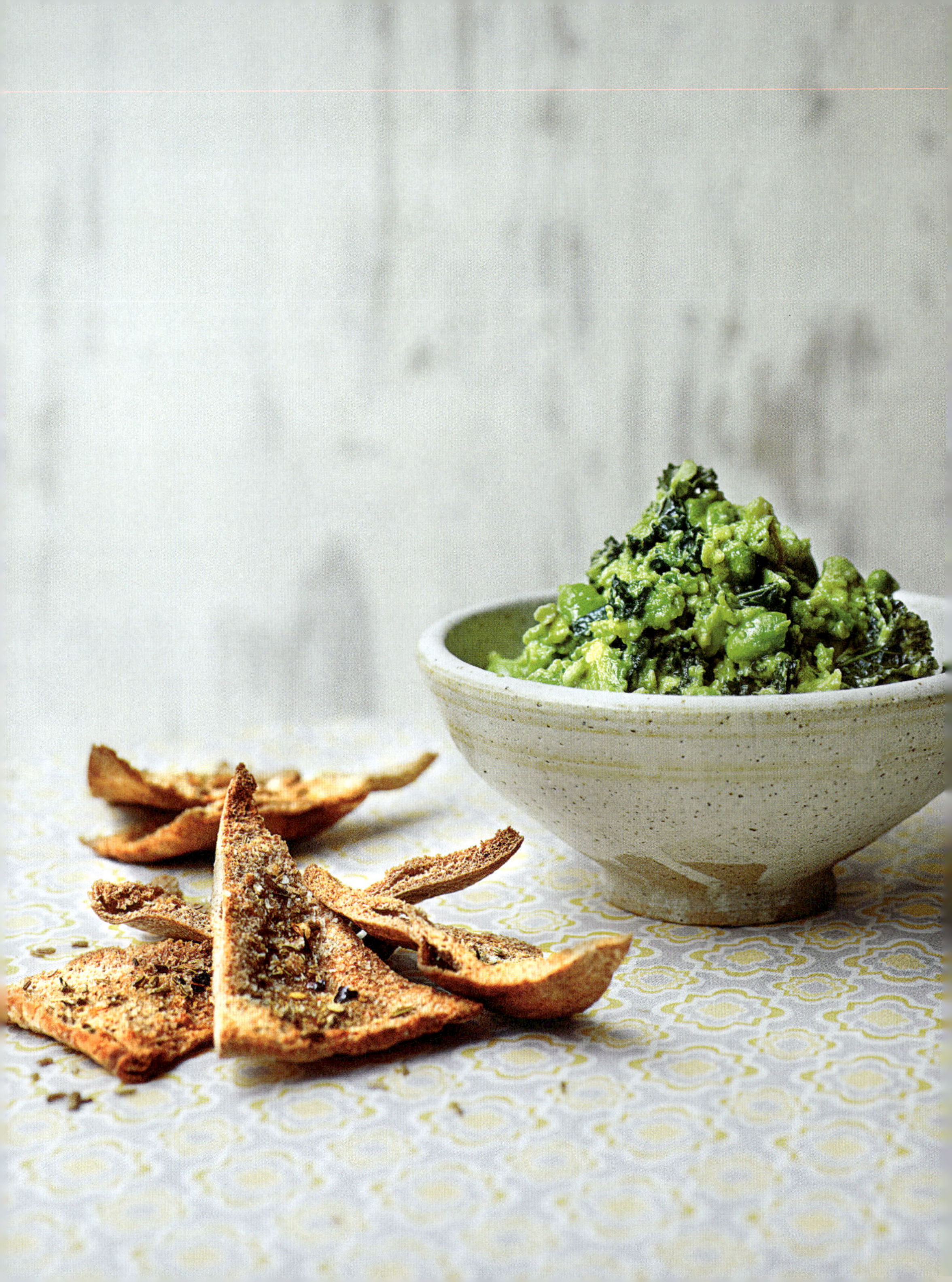

GUACAMOLE DO BEM COM TORRADA DE PÃO PITA

*VEGETARIANO *SEM LATICÍNIOS

Embora o guacamole não necessite de ajuda no quesito saúde, essa versão tem algo a mais a oferecer: traz couve, edamame e sementes de abóbora supernutritivas, tornando a receita uma opção muito saudável para o lanche. A erva-doce e a pimenta-calabresa tornam as torradas irresistíveis, então talvez seja preciso exercitar sua força de vontade para não comer tudo. Experimente também servir com legumes crus ou com torradas feitas com pão sem glúten.

Rende 4-6 porções

Para as torradas de pão pita
3 pães pita integrais
2 cols. (sopa) de azeite
1½ col. (chá) de sementes de erva-doce
½ col. (chá) de sal marinho
uma boa pitada de pimenta-calabresa em flocos

Para o guacamole do bem
100 g de edamame congelado
75 g de couve
1 dente de alho pequeno picado finamente
suco e raspas de 1 limão-siciliano
1 abacate grande maduro
sal marinho
1 col. (sopa) de sementes de abóbora tostadas (opcional)

1. Prepare as torradas de pão pita. Preaqueça o forno a 200°C. Corte os pães ao meio na horizontal, para fazer dois discos finos de cada um. Corte cada disco em triângulos. Espalhe-os em duas assadeiras grandes e regue-os com o azeite. Mexa para revestir. Amasse com o pilão as sementes de erva-doce, o sal marinho e a pimenta-calabresa e espalhe-os uniformemente sobre os triângulos. Asse por cerca de 8 minutos, ou até ficarem crocantes.

2. Para o guacamole, coloque o edamame sem cascas e a couve em uma tigela e cubra-os com água fervente. Reserve por 3 minutos, escorra e passe sob a água fria. Escorra-os muito bem e transfira-os para o processador para picar grosseiramente, ou faça isso com uma faca.

3. Coloque o alho, o suco e as raspas de limão-siciliano em uma tigela. Pique grosseiramente a polpa do abacate, amasse com um garfo e junte-a à tigela com a couve e o edamame (ou leve ao processador e pulse um pouco para misturar). Tempere com uma pitada generosa de sal marinho a gosto e misture bem. Cubra com as sementes de abóbora e sirva com as torradas.

ABACATE DEFUMADO COM LINGUIÇA

*SEM LATICÍNIOS

Não há caminho de volta depois de experimentar esse prato – ele vai virar presença constante no brunch de final de semana.

Rende 2 porções

1 dente de alho pequeno
½ abacate grande maduro
um pouco de suco de limão-
  -siciliano
uma boa pitada de páprica
  defumada
1 pimentão em conserva
  escorrido e picado finamente
  (cerca de 60 g)
125 g de linguiça defumada
  cortada ao meio no sentido
  do comprimento
2 fatias de pão de fermentação
  natural
um punhado grande de folhas
  de espinafre ou rúcula
sal marinho e pimenta-do-
  -reino moída na hora

1. Pique finamente o alho e grosseiramente a polpa do abacate e misture os dois. Junte um pouco de suco de limão--siciliano, a páprica defumada e o pimentão. Amasse de leve com um garfo e tempere a gosto com sal marinho e pimenta-do-reino e mais suco de limão.

2. Aqueça uma frigideira canelada até ficar bem quente e grelhe a linguiça por cerca de 5 minutos, virando na metade do tempo, até ficar cozida por igual.

3. Toste o pão (na torradeira ou na frigideira canelada) e distribua-o em pratos. Espalhe sobre cada fatia uma boa colherada do abacate preparado, um punhado das folhas de espinafre e a linguiça. Sirva imediatamente.

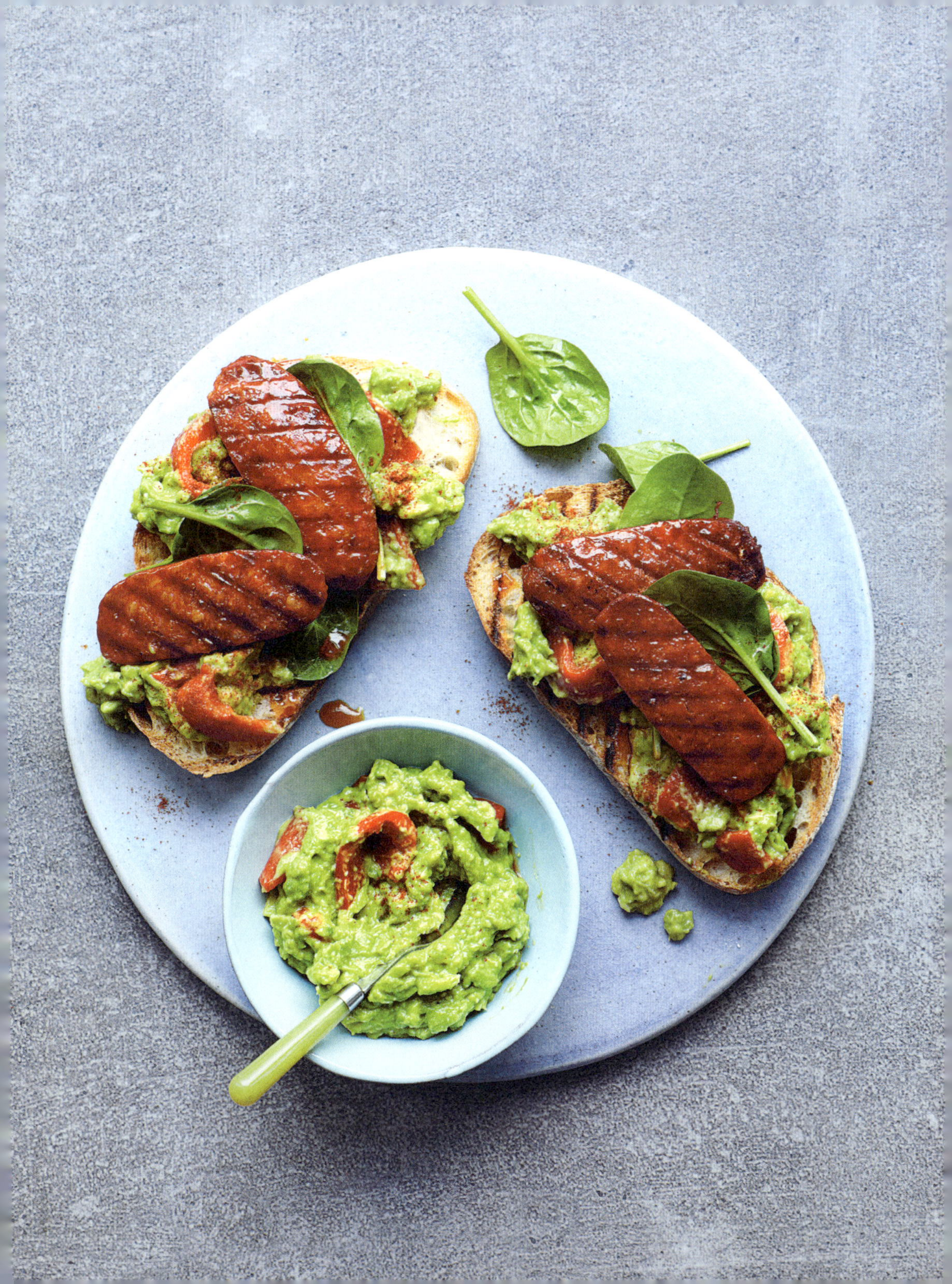

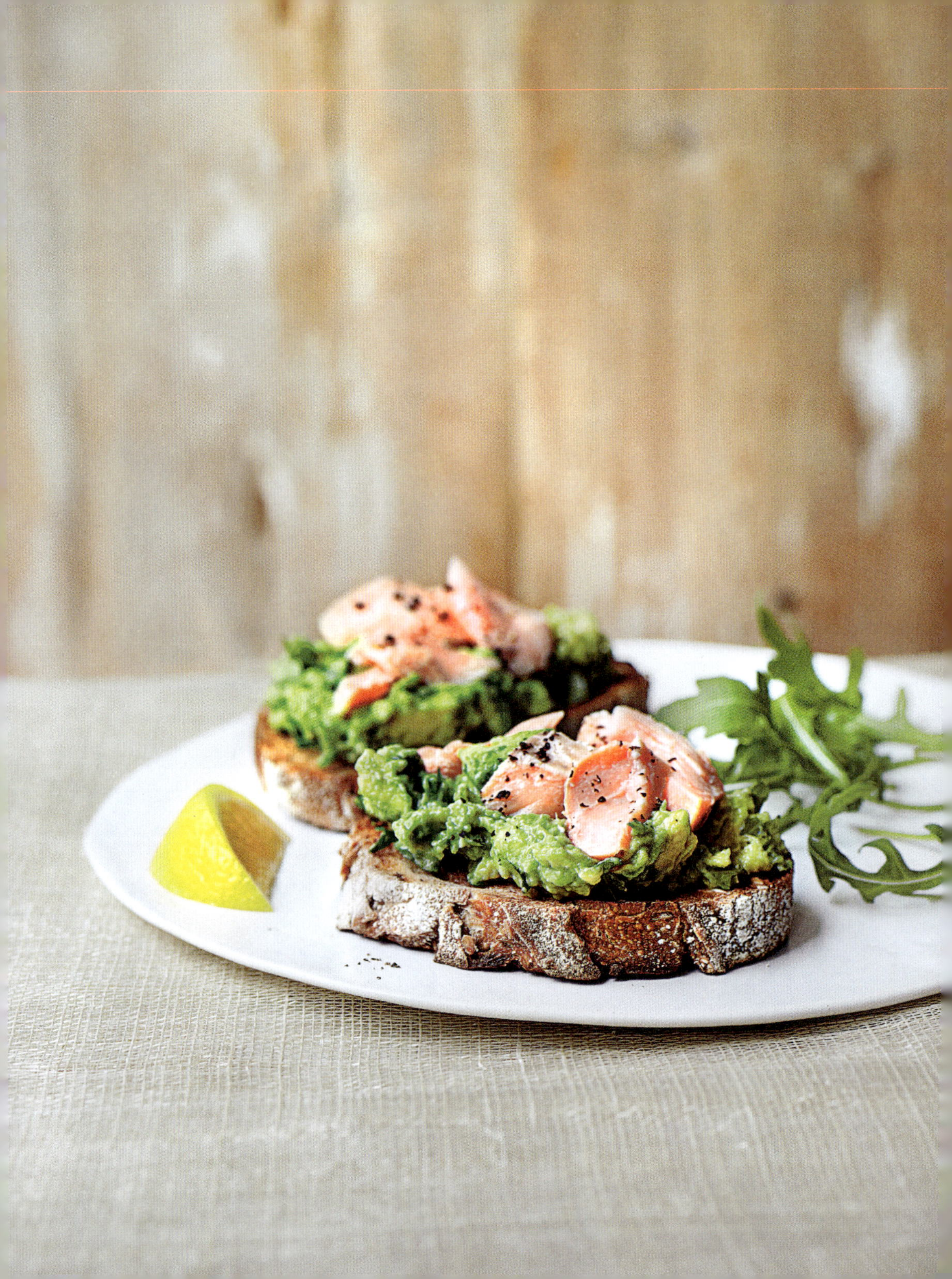

ABACATE CÍTRICO COM RÚCULA E TRUTA *SEM LATICÍNIOS

Essa versão italiana do guacamole é deliciosamente apimentada e rende um almoço saboroso: espalhe-o sobre uma torrada de centeio e finalize com truta defumada. Para um brunch substancioso de final de semana, adicione um ovo poché. Se desejar uma opção vegetariana, use um queijo cremoso – experimente muçarela de búfala cortada em pedaços ou uma colherada de ricota.

Rende 2 porções

½ abacate grande maduro
suco de ½ limão-siciliano
2 cols. (chá) de azeite extravirgem ou óleo de abacate
25 g de folhas de rúcula
2 fatias grandes de pão de centeio ou trigo integral
125 g de truta ou salmão defumado
cunhas de limão-siciliano, para servir
sal marinho e pimenta-do-reino moída na hora

1. Sobre uma tábua limpa, amasse grosseiramente a polpa do abacate com uma boa pitada de sal marinho e metade do suco de limão-siciliano; transfira para uma tigela. Adicione 1 colher (chá) de azeite e uma moagem generosa de pimenta-do-reino. Misture bem. Pique grosseiramente metade das folhas de rúcula e misture com o abacate amassado.

2. Toste o pão e disponha-o em dois pratos. Coloque um pouco de abacate sobre cada torrada. Desfie o peixe defumado por cima. Misture a outra metade das folhas de rúcula com o azeite e o suco de limão-siciliano restantes e tempere. Sirva como acompanhamento das torradas com cunhas de limão-siciliano.

Se o abacate estiver perfeitamente maduro pela manhã e você pretender comê-lo à noite, coloque-o na geladeira para que ele não passe do ponto.

FATUCHE DE ABACATE COM FALÁFEL *VEGETARIANO

Fatuche é uma salada de origem libanesa que combina a acidez do sumagre com ervas aromáticas e vegetais crocantes, além de tiras de pão pita tostado. O abacate amassado transforma essa salada leve em um almoço substancioso. Para uma versão sem laticínios, deixe de lado o queijo feta.

Rende 2 porções

Para o abacate temperado
1 dente de alho pequeno
1 col. (sopa) de tahine
suco de ½ limão-siciliano
½ abacate grande maduro
uma pitada grande de sumagre
50 g de tomate-cereja picado
6 folhas de hortelã rasgadas
sal marinho e pimenta-do-reino moída na hora

Para servir
2 pães chatos ou pita integrais aquecidos
6 faláfeis comprados prontos, assados ou grelhados
¼ de pepino cortado em cubos
50 g de tomate-cereja cortado em quartos
um punhado de azeitona preta kalamata [grega] sem caroço cortada ao meio
¼ de cebola roxa fatiada
50 g de queijo feta esmigalhado (opcional)
folhas de hortelã, para decorar

1. No almofariz, amasse com o pilão o alho, uma pitada de sal marinho e outra de pimenta-do-reino. Transfira para uma tigela e misture com o tahine e o suco de limão-siciliano.

2. Pique grosseiramente a polpa do abacate e leve-a à tigela com o sumagre, o tomate-cereja picado e as folhas de hortelã. Misture e tempere a gosto.

3. Para servir, cubra um pão chato aquecido com uma colherada do abacate temperado e alguns faláfeis, depois espalhe o pepino, o tomate-cereja cortado em quartos, a azeitona, a cebola roxa e, se desejar, o queijo feta. Decore com folhas de hortelã.

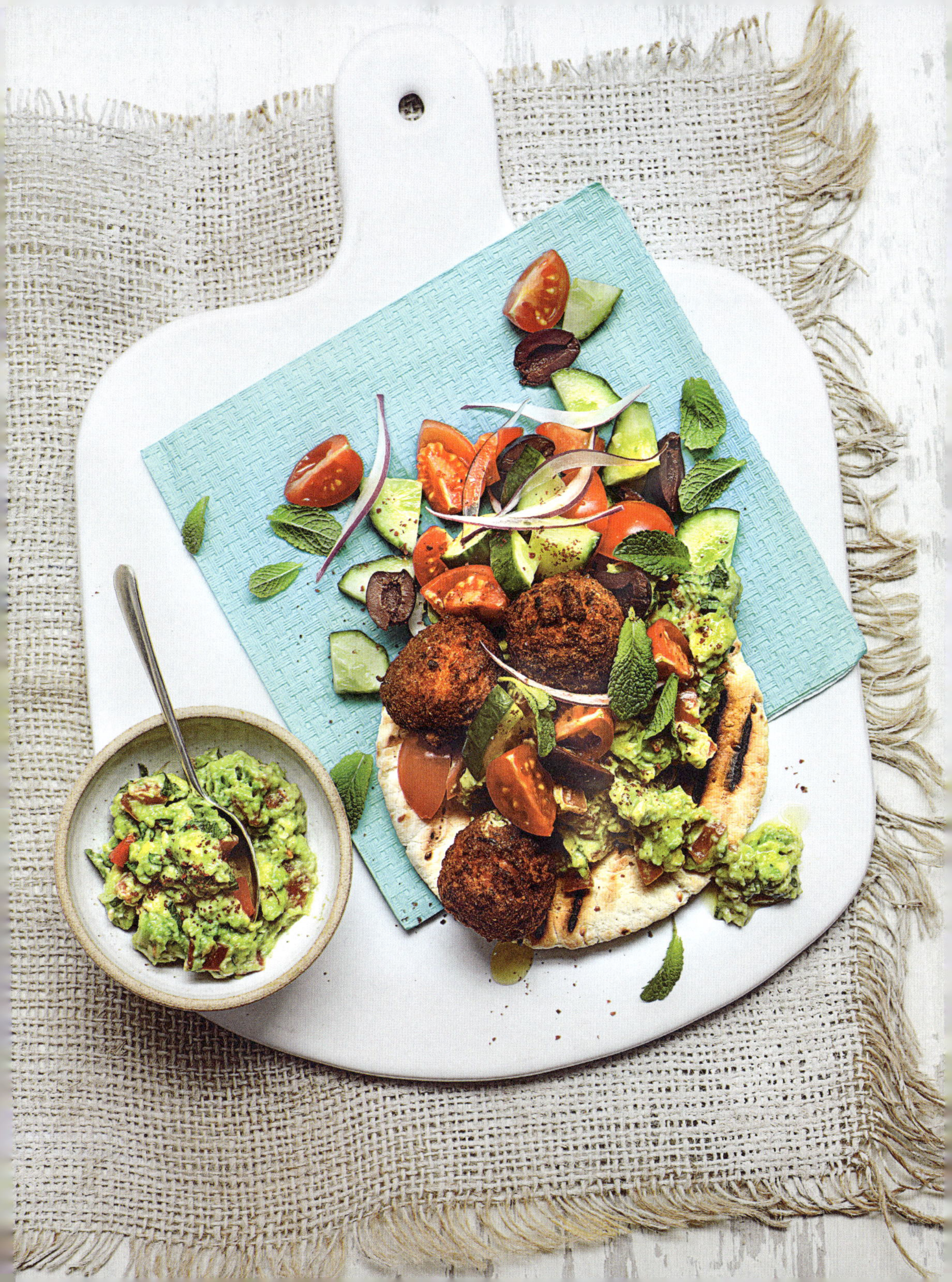

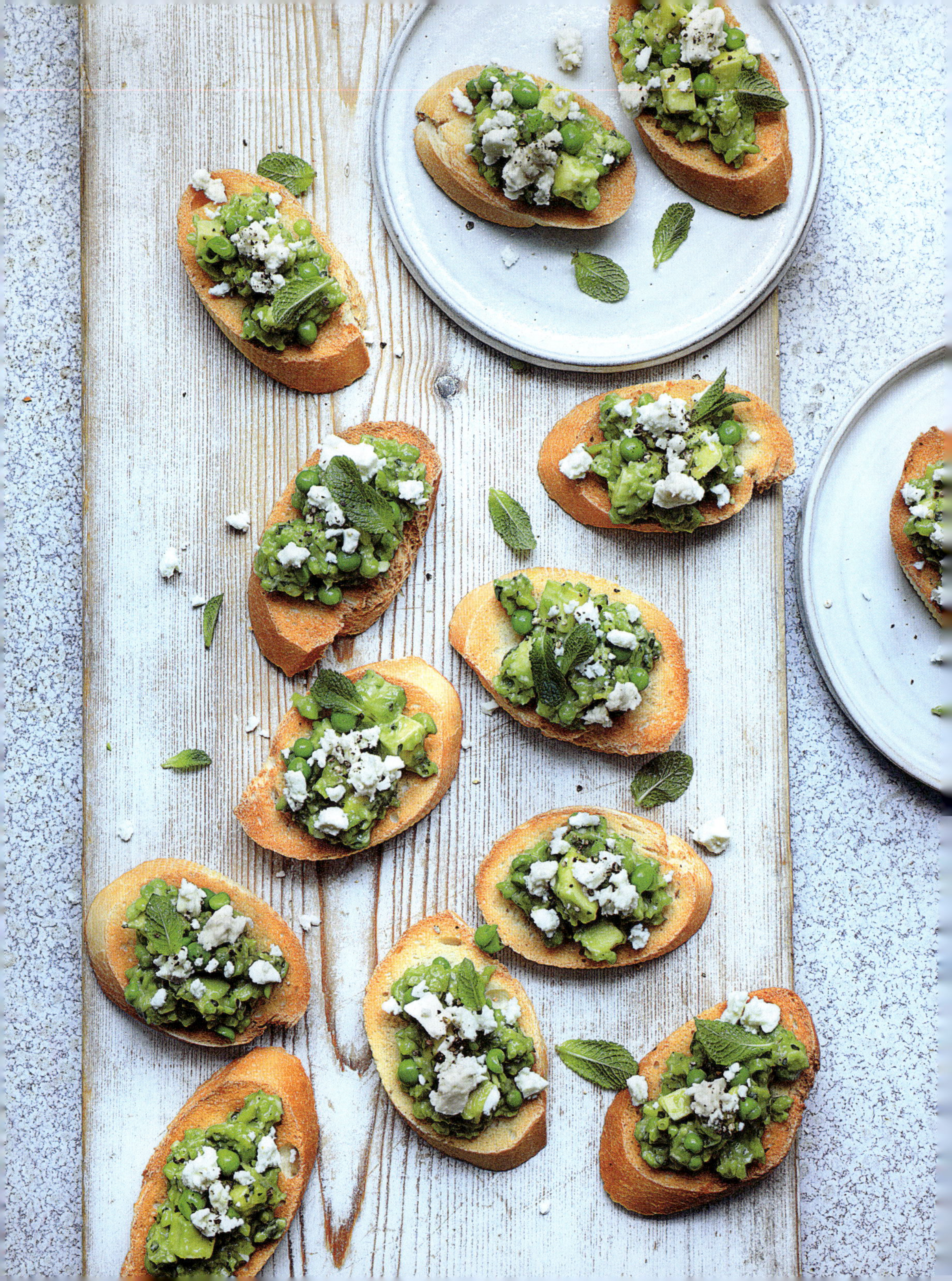

ABACATE COM ERVILHA E QUEIJO FETA
* VEGETARIANO

12 unidades
Rende 4 porções como entrada ou 4-6 como canapés

O abacate acrescenta uma nota especial a essa receita. Esses canapés são superfáceis de fazer – e ainda mais fáceis de comer!

150 g de ervilha congelada
2 cebolinhas, só a parte branca, picadas finamente
½ abacate firme (recém-amadurecido) cortado em cubos pequenos
1 col. (sopa) bem cheia de folhas de hortelã picadas mais algumas folhas para servir
1 col. (sopa) de suco de limão-siciliano (cerca de ½ limão-siciliano)
1 col. (chá) de azeite extravirgem ou óleo de abacate, mais um pouco para regar (opcional)
75 g de queijo feta
½ baguete comum ou integral cortada em doze rodelas de 1 cm de espessura
sal marinho e pimenta-do-reino moída na hora

1. Coloque a ervilha em uma panela com água fervente, deixe borbulhar por 1 minuto em fogo baixo, escorra e transfira para uma tigela com água fria para resfriar. Escorra novamente e reserve 2 colheres (sopa) de ervilha. Bata o restante no processador com a cebolinha, ¼ de abacate, as folhas de hortelã picadas, o suco de limão-siciliano e o azeite extravirgem até formar um purê grosso. Transfira para uma tigela.

2. Junte o abacate restante, misture e tempere a gosto com sal marinho e pimenta-do-reino. Adicione mais suco de limão, se preferir um sabor mais acentuado.

3. Toste as rodelas de baguete dos dois lados em uma frigideira canelada, em fogo alto, até dourar. Quando esfriarem um pouco, coloque uma porção pequena do patê sobre cada uma. Transfira para uma tábua ou travessa, esmigalhe o queijo feta por cima e cubra com as folhas de hortelã. Regue com azeite extravirgem, se quiser.

HOMUS DE ABACATE E DUKKAH TOSTADO

*VEGETARIANO *SEM LATICÍNIOS

Quem não gosta de homus? É uma ótima opção de lanchinho e proporciona energia instantânea de forma saudável. Aqui, o abacate enriquece o homus, e a explosão de sabores dessa mistura egípcia de especiarias – o dukkah – acrescenta ainda mais intensidade. Experimente polvilhar com dukkah torradas de pão pita ou legumes antes de assá-los.

Rende 4-6 porções

Para o dukkah tostado
1 col. (sopa) de amêndoa e 1 de avelã sem pele
2 cols. (chá) de gergelim
1 col. (chá) de sementes de cominho
½ col. (chá) de sementes de coentro
½ col. (chá) de sementes de erva-doce

Para o homus
1 dente de alho picado
1 col. (sopa) de tahine
2 cols. (sopa) de suco de limão-siciliano, mais raspas de ½ limão-siciliano
400 g de grão-de-bico cozido e escorrido
½ abacate maduro
2 cols. (sopa) de folhas de coentro picadas
sal marinho

Para servir
pão chato aquecido e cortado em tiras

1. Preaqueça o forno a 180°C. Prepare o dukkah. Espalhe as amêndoas e as avelãs sobre uma assadeira grande. Leve ao forno por 5 minutos, depois junte as sementes e as especiarias. Toste-as por mais 2-3 minutos, até soltarem o aroma. Fique de olho para não queimarem. Reserve para esfriar um pouco. Transfira para o almofariz e amasse-as um pouco com o pilão ou moa grosseiramente no processador.

2. Em seguida, prepare o homus. Coloque o alho no processador com o tahine, o suco e as raspas de limão-siciliano e uma boa pitada de sal. Reserve 1 colher (sopa) do grão-de-bico e adicione o restante ao processador com 2 colheres (sopa) da mistura de especiarias e o abacate. Bata até formar um purê grosseiro (prefira uma textura irregular).

3. Junte as folhas de coentro picadas e misture. Tempere a gosto.

4. Transfira para um recipiente para servir, cubra com o grão-de-bico reservado e espalhe mais um pouco do dukkah. Sirva com pão chato aquecido para mergulhar no homus.

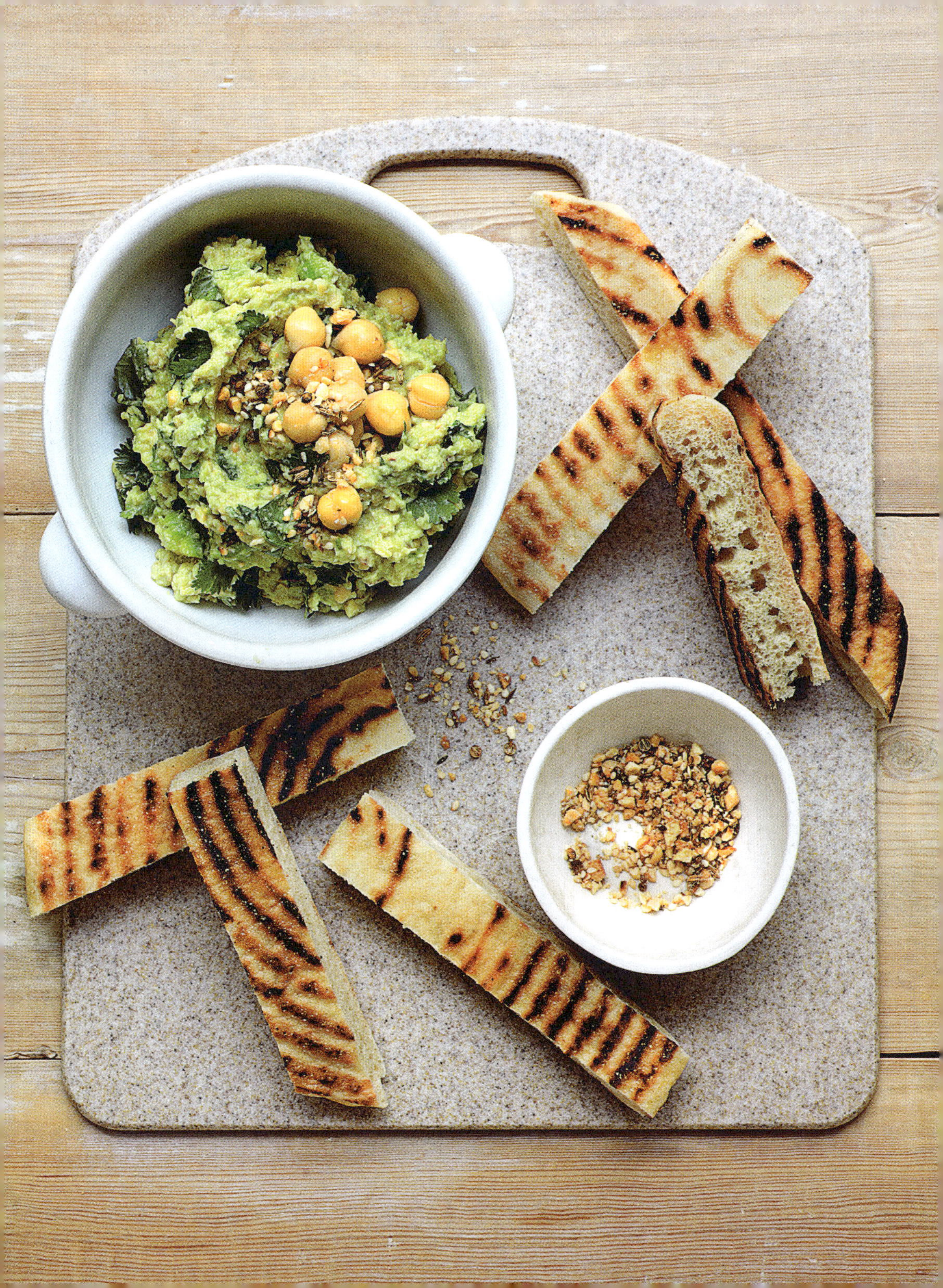

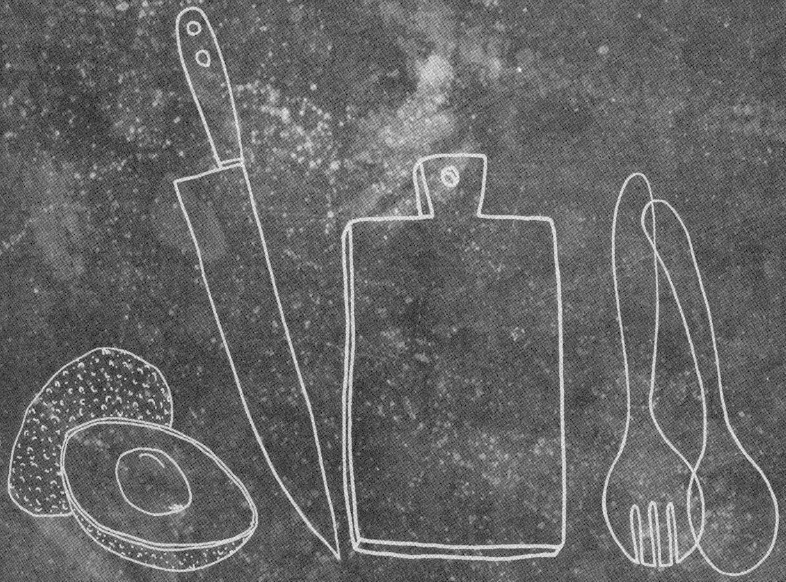

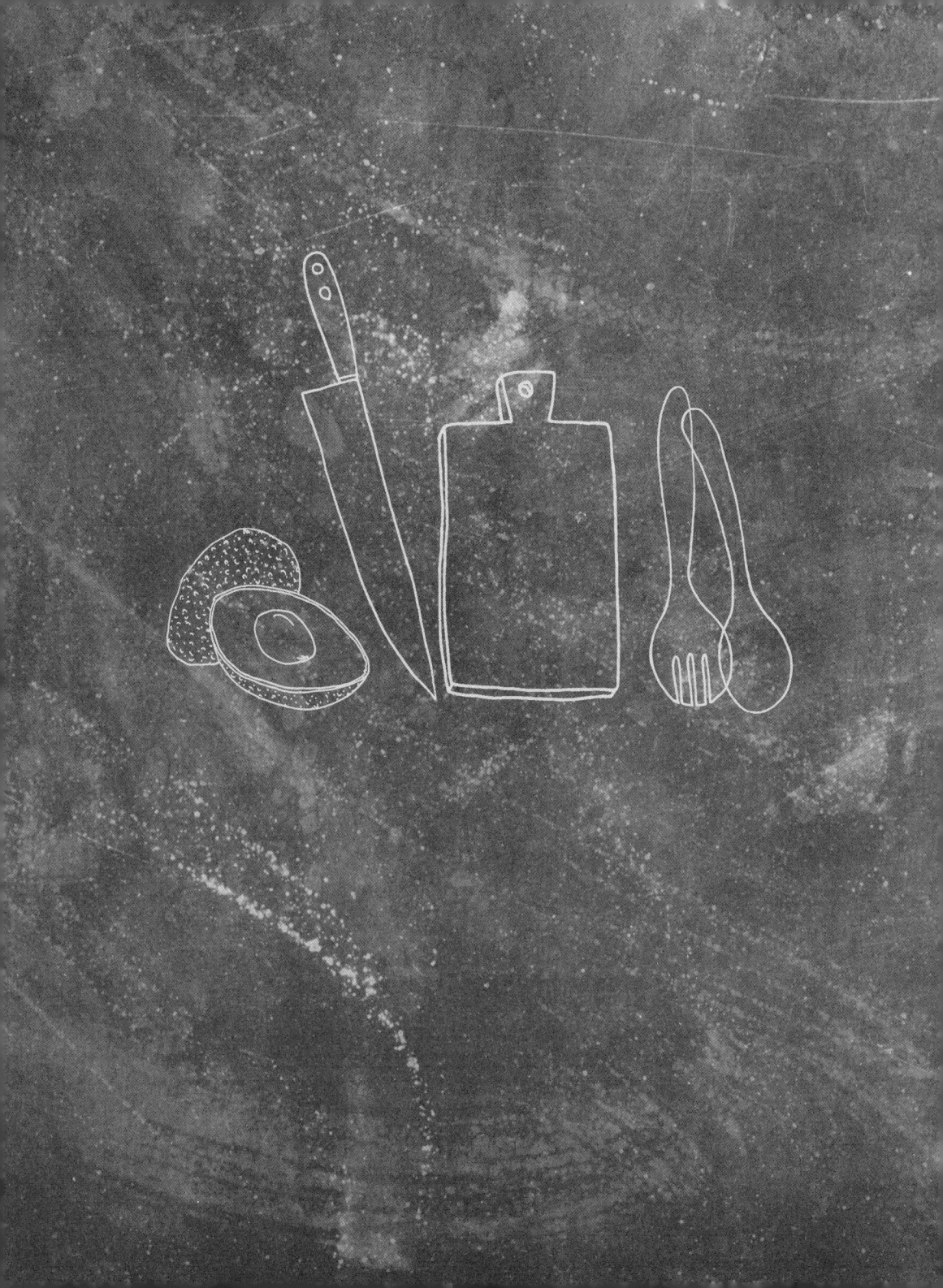

EM PEDAÇOS

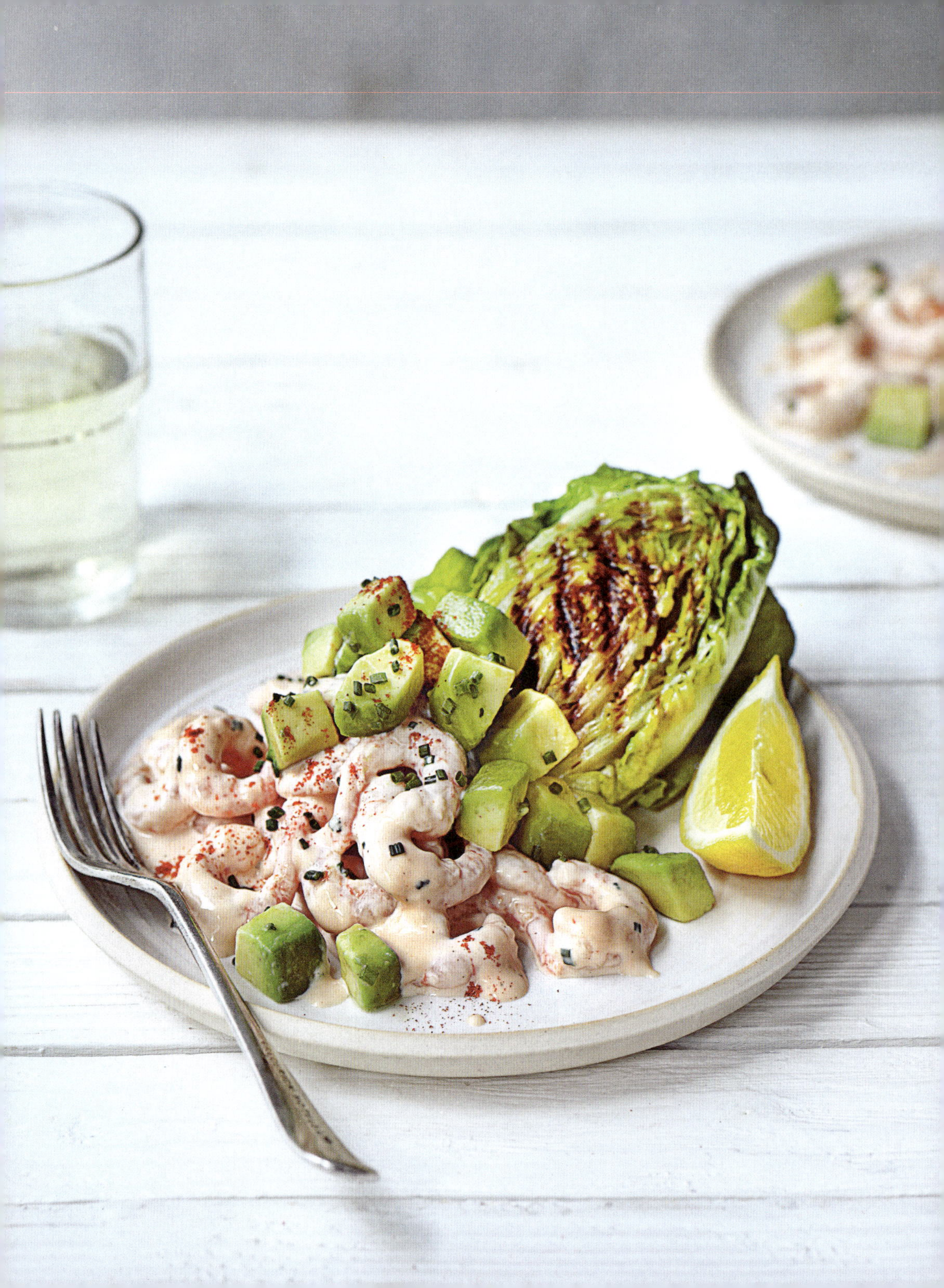

COQUETEL DE CAMARÃO E ABACATE

* SEM LATICÍNIOS

Essa entrada retrô – um clássico da gastronomia – ganha uma versão atualizada com o abacate.

Rende 2 porções

1 alface-romana baby cortada ao meio no sentido do comprimento
azeite, para pincelar
200 g de camarão cozido
½ abacate firme (recém-amadurecido) cortado em cubos
pimenta-de-caiena
sal marinho e pimenta-do-reino moída na hora

Para o molho rosé
6 cols. (sopa) de maionese
1 col. (sopa) de ketchup
¼ de col. (chá) de Tabasco
suco de ½ limão-siciliano, mais algumas cunhas para servir
½ col. (chá) de molho inglês
1 col. (sopa) de cebolinha-francesa picada
sal marinho e pimenta-do-reino moída na hora

1. Prepare o molho rosé. Em uma tigela, misture a maionese, o ketchup, o Tabasco, o suco de limão-siciliano e o molho inglês. Tempere a gosto com um pouco de sal marinho e pimenta-do-reino. Despeje mais um pouco de suco de limão-siciliano, se necessário, e junte metade da cebolinha-francesa.

2. Preaqueça uma frigideira canelada até ficar bem quente. Pincele o lado cortado de cada alface com um pouco de azeite e tempere. Quando a frigideira estiver bem quente, coloque as alfaces com o lado cortado para baixo e deixe por 2 minutos, até ficarem com as marcas da grelha. Vire-as e grelhe por mais 1 minuto. Em seguida, coloque uma metade de alface em cada prato com o lado cortado para cima.

3. Adicione o camarão ao molho rosé e mexa. Misture o abacate cortado com um pouco de suco de limão e a cebolinha-francesa restante. Cubra cada meia alface com um pouco do molho e camarão, depois complete com o abacate. Polvilhe-as com um pouco de pimenta-de-caiena. Sirva com cunhas de limão-siciliano.

Para os mais habilidosos e experientes na cozinha, use uma faca para retirar o caroço do abacate. Segure a fruta cortada ao meio com firmeza e, em um movimento rápido, bata o fio de uma faca pesada e afiada sobre o caroço – ela deve ficar presa nele. Em seguida, gire a faca delicadamente para soltar o caroço. Tenha cuidado, pois a polpa do abacate é escorregadia.

CEVICHE DE SALMÃO E ABACATE
* SEM LATICÍNIOS

Um prato leve perfeito para uma noite quente: a acidez do limão, o perfume do coentro e o toque picante da pimenta deixam tudo muito saboroso. Escolha o salmão mais fresco que encontrar.

Rende 2-3 porções (6 unidades)

200 g de salmão bem fresco sem pele e sem espinhas
½ col. (chá) de sal marinho, mais um pouco para salpicar
8 cols. (sopa) de suco de limão (cerca de 2-3 limões)
1 pimenta-malagueta sem sementes e picada finamente
¼ de cebola roxa pequena picada finamente
óleo, para fritar
6 minitortilhas de milho ou 4 tortilhas tradicionais
páprica, para polvilhar
½ abacate firme (recém--amadurecido)
2 cols. (sopa) de folhas de coentro picadas

1. Corte o salmão em cubos de 1 cm da maneira mais uniforme possível. Transfira para uma tigela, adicione o sal marinho, o suco de limão, a pimenta-malagueta e a cebola roxa. Misture e leve à geladeira por 10 minutos.

2. Enquanto isso, prepare as tostadas. Se encontrar minitortilhas de milho, use-as; caso contrário, compre tortilhas tamanho-padrão e utilize um cortador circular de 10 cm para cortar seis discos menores (use as sobras para fazer chips de tortilha). Despeje óleo suficiente em uma frigideira para cobrir a base com uma camada fina e aqueça até ficar bem quente. Frite as tortilhas com cuidado, em lotes, por cerca de 30 segundos de cada lado, e transfira para um prato forrado com papel-toalha. Salpique-as de sal marinho e polvilhe-as com um pouco de páprica.

3. Corte a polpa do abacate em cubos de 1 cm e transfira para uma tigela. Retire o excesso de marinada de limão do salmão e coloque-o na tigela com o abacate, junte as folhas de coentro e misture delicadamente. Prove para verificar o tempero.

4. Cubra cada tostada com uma colherada de ceviche e sirva imediatamente.

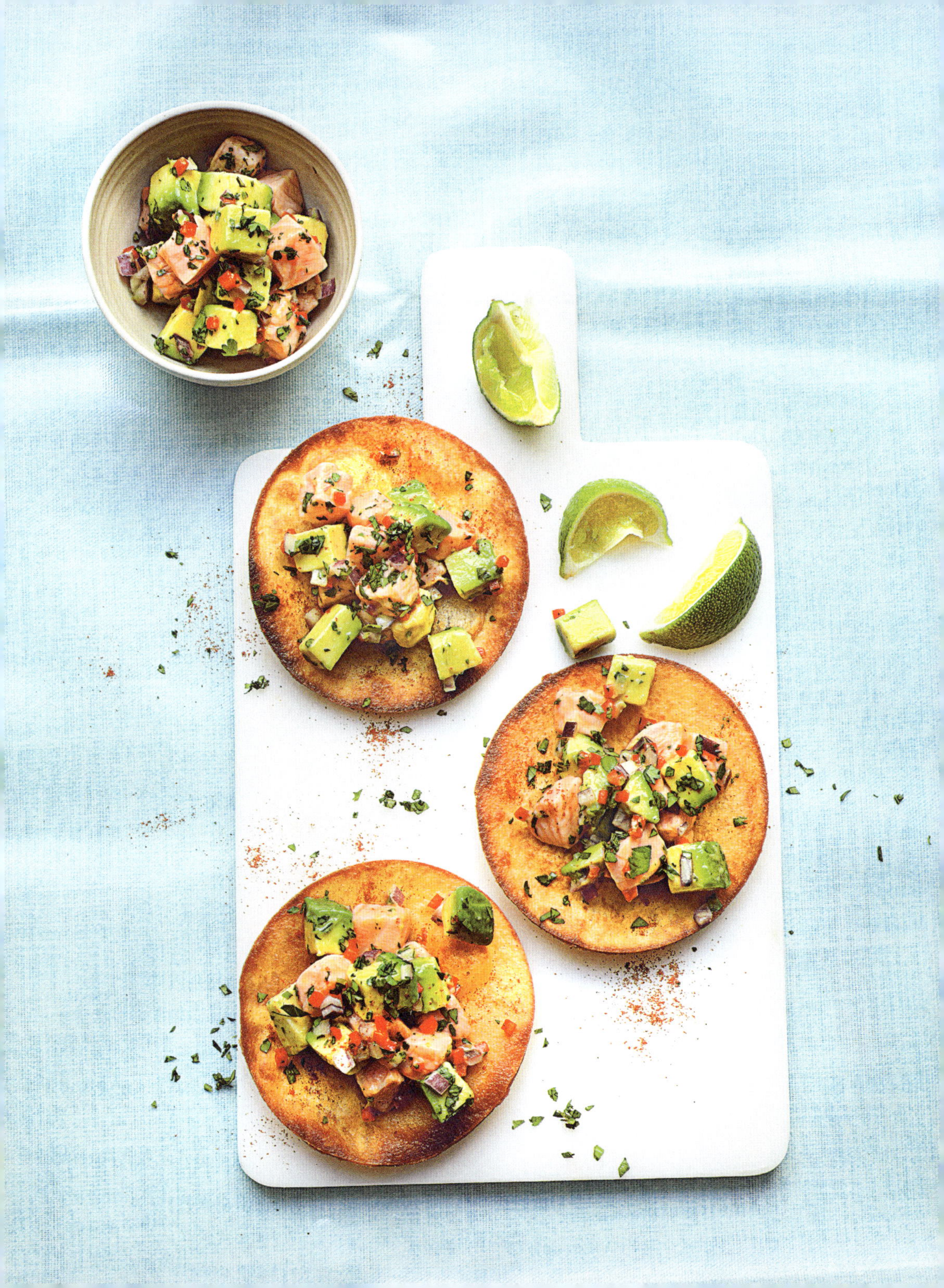

PANQUECA DE MILHO COM SALSA DE ABACATE

* VEGETARIANO

Essa salsa consegue animar até a mais sombria das manhãs de inverno. Sirva-a com panquecas de milho-verde de dar água na boca – e, se desejar, complete com um ovo frito.

Rende 2-3 porções (6 unidades)

Para a salsa
½ abacate firme (recém-amadurecido)
suco e raspas de 1 limão
125 g de tomate-cereja cortado em quartos
1 pimenta-malagueta sem sementes e picada finamente
2 cebolinhas fatiadas
2 cols. (sopa) de folhas de coentro picadas
sal marinho

Para as panquecas de milho-verde
340 g de milho-verde cozido e escorrido
1 ovo grande batido
3 cols. (sopa) de farinha de trigo com fermento
2 cols. (sopa) de cebolinha-francesa picada
75 g de queijo feta ou outro queijo de cabra duro cortado em cubos
manteiga e óleo, para fritar
sal marinho

Para servir
ovo frito (opcional)

1. Para fazer a salsa, corte a polpa do abacate em cubos e coloque-os em uma tigela grande. Adicione o suco e as raspas de limão, misture e junte o tomate-cereja, a maior parte da pimenta-malagueta, a cebolinha, o coentro e uma pitada de sal marinho. Reserve.

2. Agora prepare as panquecas. Coloque metade do milho-verde, o ovo batido, a farinha e uma boa pitada de sal no processador. Bata até ficar homogêneo e transfira para uma tigela. Junte o restante do milho-verde, a cebolinha-francesa e o queijo feta e misture.

3. Aqueça o óleo e a manteiga em uma frigideira grande antiaderente. Quando estiver quente, coloque colheradas da massa. Você precisará de cerca de 3 colheres (sopa) por panqueca. Frite em fogo médio, em lotes, por 2-3 minutos de cada lado, até dourar. Você pode mantê-las aquecidas no forno baixo enquanto frita o restante.

4. Coloque duas ou três panquecas em cada prato, adicione uma colherada de salsa por cima delas e cubra-as com a pimenta-malagueta reservada. Finalize com um ovo frito, se desejar.

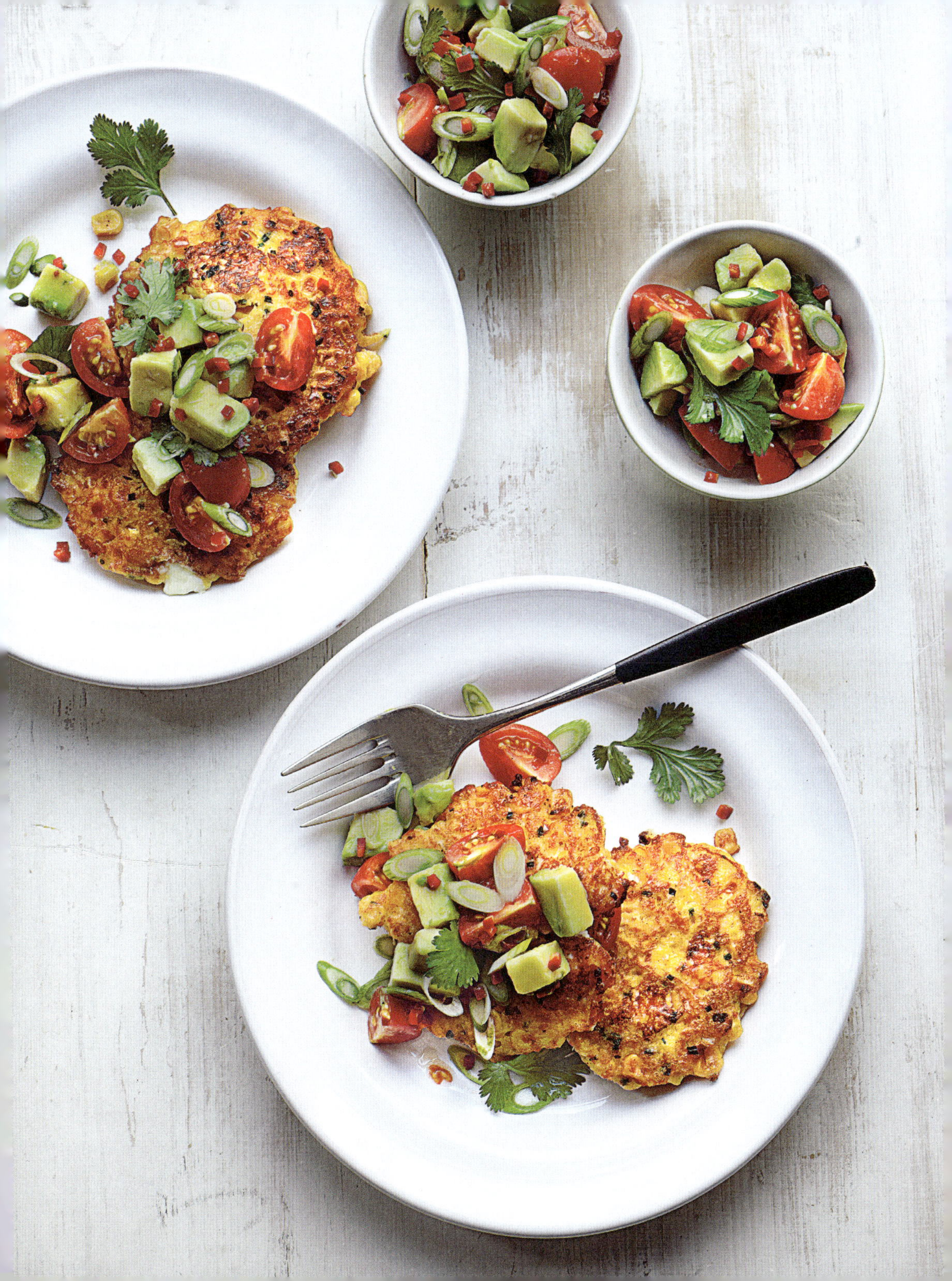

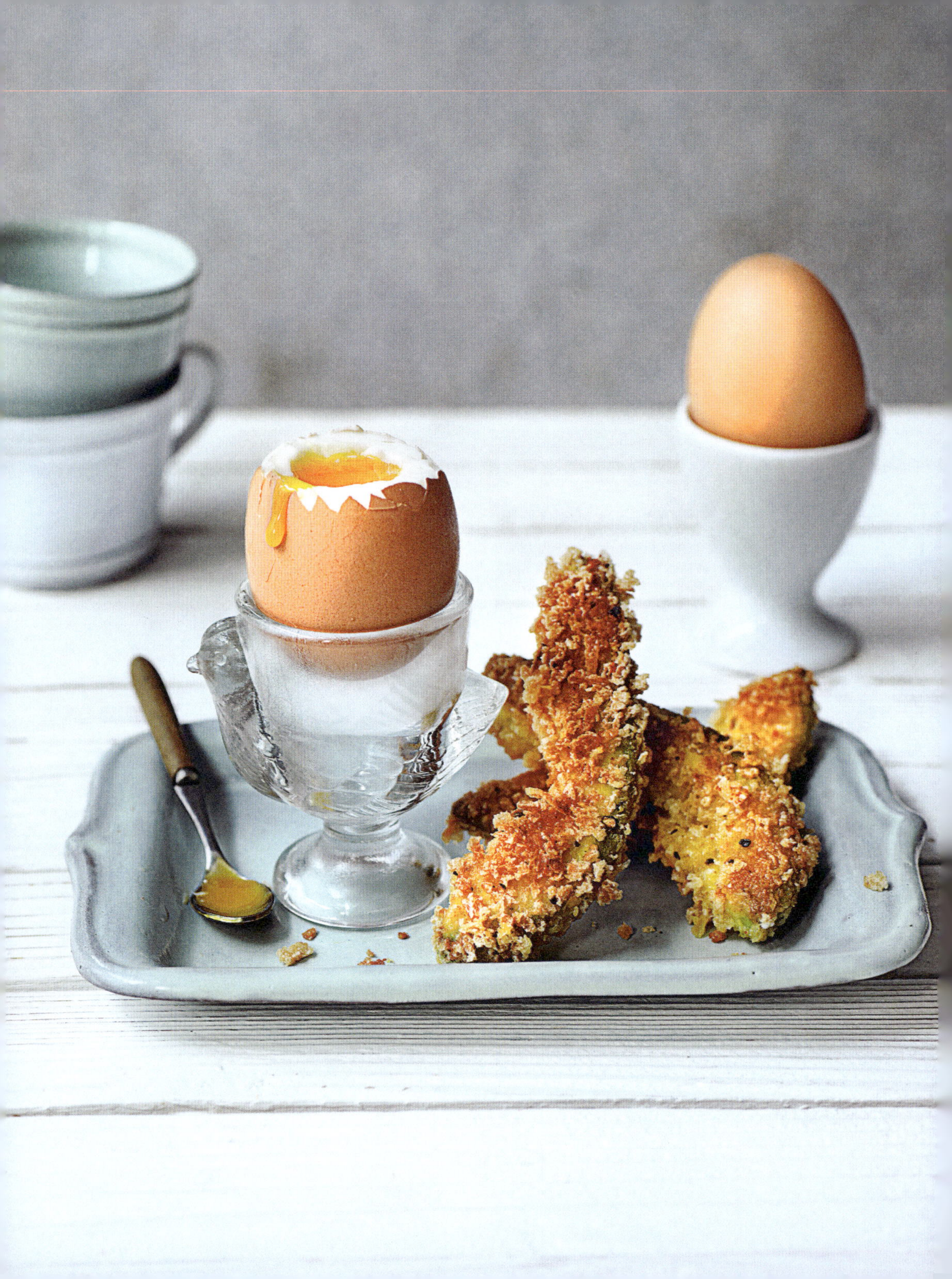

OVO QUENTE COM ABACATE CROCANTE

Esse abacate derrete na boca e acrescenta uma dimensão completamente inovadora ao ovo quente. Crocante por fora, macio e amanteigado por dentro, ele é perfeito para mergulhar em uma gema mole e quente.

Rende 2 porções

½ abacate firme (recém-amadurecido) cortado em fatias de 1 cm de espessura
4 cols. (sopa) de farinha de trigo
¼ de col. (chá) de páprica ou pimenta-de-caiena
½ col. (chá) de sal
3 ovos
50 g de farinha panko
25 g de parmesão ou queijo duro vegetariano ralado finamente na hora
óleo vegetal, para fritar
sal marinho e pimenta-do-reino moída na hora

1. Disponha três pratos fundos um ao lado do outro. Coloque a farinha de trigo, a páprica e o sal no primeiro. Quebre um ovo no segundo prato e bata-o um pouco. Junte a farinha panko, o parmesão e um pouco de sal marinho e pimenta-do-reino no terceiro prato e misture bem.

2. Passe uma fatia de abacate na farinha de trigo temperada, depois no ovo batido e, por fim, na mistura de farinha panko, revestindo-a de maneira uniforme. Repita com as fatias restantes.

3. Despeje óleo suficiente em uma frigideira antiaderente até cobrir a base. Leve ao fogo médio por alguns minutos. Quando estiver quente, adicione em lotes as fatias de abacate empanadas e frite por 1-2 minutos de cada lado, até dourarem e ficarem crocantes. Transfira para um prato forrado com papel-toalha. Se não tiver certeza de que o óleo está quente o suficiente, teste com um pedaço pequeno de pão: ele deve chiar ao encostar no óleo e dourar em cerca de 1 minuto.

4. Quando o abacate estiver quase todo frito, coloque os ovos restantes em uma panela com água fria. Leve à fervura, acerte um timer e deixe borbulhar por 3 minutos. Retire imediatamente e coloque em potes para ovo quente. Com uma faca, corte uma tampa em cada ovo. Sirva algumas fatias de abacate crocante para mergulhar no ovo quente.

> Para preparar o abacate crocante com menos gordura, leve as fatias, dentro de uma assadeira forrada com papel-manteiga, ao forno preaquecido a 220°C por 10 minutos.

PÃO CROCANTE COM PICLES DE ABACATE

Esses pães são fáceis de fazer e podem ser armazenados em um pote hermético por alguns dias. Mas, se não tiver tempo de prepará-los, compre torradas de pão de centeio ou um bagel integral – o recheio combina muito bem com eles.

Rende 4 porções
8-10 unidades (retângulos com cerca de 15 cm × 8 cm)

Para os pães crocantes
100 g de farinha de centeio
100 g de farinha de trigo branca
100 g de farinha de trigo integral
1 col. (chá) de sal
150 g de sementes mistas (gergelim, abóbora, girassol, linhaça)
1 col. (chá) de kümmel
2 cols. (chá) de mel
4 cols. (sopa) de azeite
125 ml de água

Para os picles de abacate
½ pepino
½ col. (chá) de sal
2 cols. (sopa) de vinagre de vinho branco
2 cols. (sopa) de suco de limão-siciliano, mais as raspas de 1 limão-siciliano
1 col. (sopa) de açúcar
2 cols. (sopa) de endro picado, mais alguns ramos para servir
½ abacate firme (recém-amadurecido) fatiado

cream cheese, para servir
250 g de cavalinha em conserva, para servir

1. Para fazer os pães, preaqueça o forno a 180°C. Misture os três tipos de farinha, o sal e 100 g das sementes mistas em uma tigela e junte metade do kümmel. Em uma jarra, bata o mel com o azeite e a água. Faça uma cova no meio dos ingredientes secos e despeje a maior parte do líquido. Misture até formar uma massa, adicionando o líquido restante, se necessário.

2. Sove um pouco, abra a massa sobre uma superfície levemente enfarinhada, formando um retângulo grande com 3 mm de espessura. Polvilhe-a com as sementes e o kümmel restantes e pressione-os de leve com o rolo. Corte a massa em seis a oito retângulos. Transfira-os para duas assadeiras forradas com papel-manteiga. Junte as sobras de massa e faça mais retângulos. Asse por 20 minutos, até dourarem levemente, e transfira-os para uma grade.

3. Para os picles, corte o pepino ao meio no sentido do comprimento, raspe as sementes, depois o fatie finamente, formando meias-luas. Coloque as fatias em um escorredor de massa sobre a pia. Junte o sal e misture. Cubra o pepino com um pedaço de papel-manteiga e faça peso sobre ele com a ajuda de algo pesado – uma lata funciona bem. Reserve por 15 minutos.

4. Enquanto isso, coloque o vinagre, o suco de limão-siciliano e o açúcar em uma tigela e mexa até o açúcar dissolver. Adicione a metade do endro.

5. Enxágue o pepino para tirar o sal e seque-o com papel-toalha. Coloque-o no líquido de conserva com o abacate. Cubra a tigela e leve à geladeira por 1 hora. Em seguida, coe, descartando o líquido, e misture com o endro restante. Tempere.

6. Espalhe um pouco de cream cheese sobre um pão, cubra com os picles e finalize com lascas de cavalinha em conserva. Guarneça com ramos de endro.

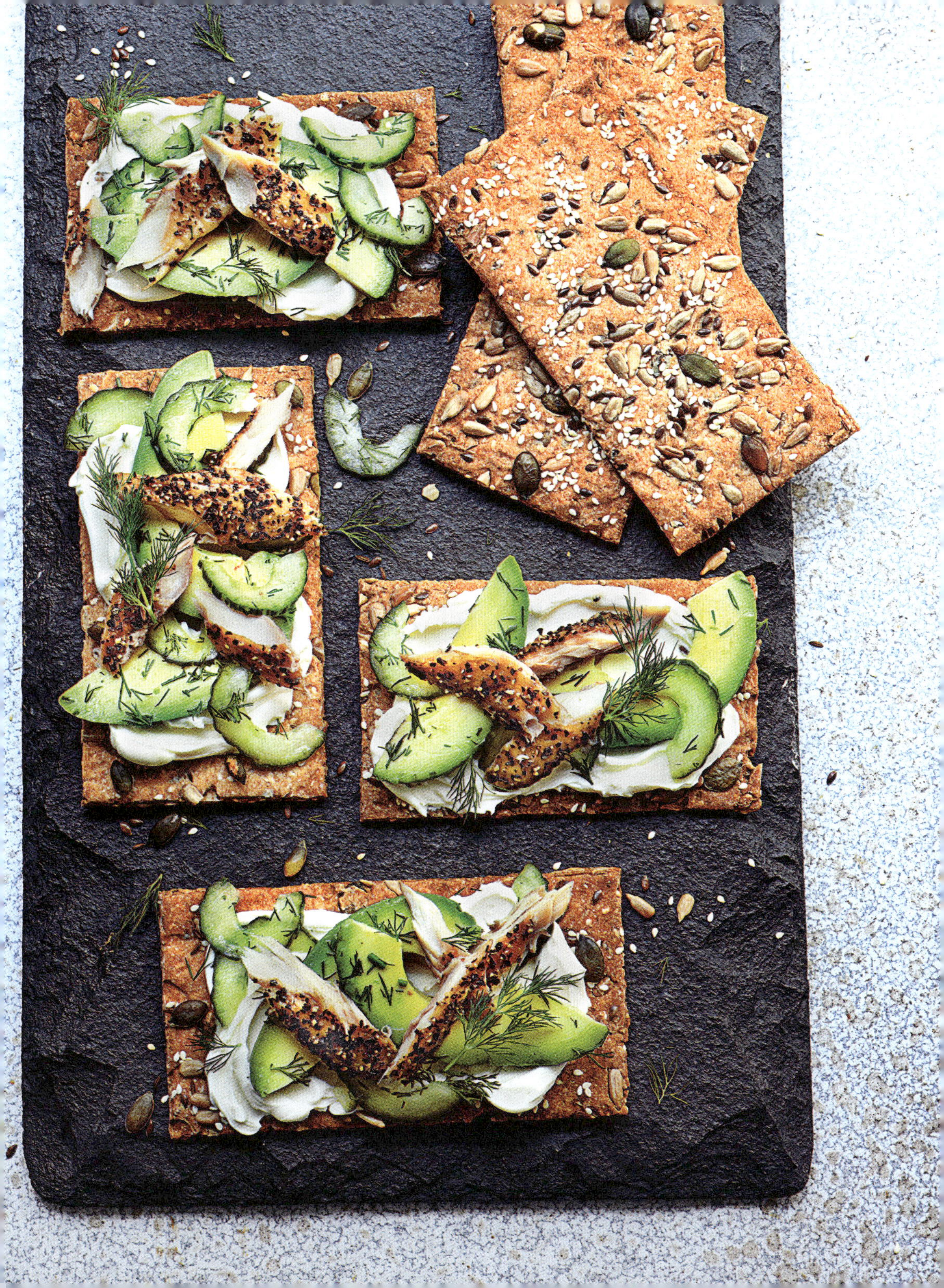

TARTARE DE ATUM E ABACATE *SEM LATICÍNIOS

O molho de gergelim combina bem com atum e é equilibrado pelo frescor do pepino e pela suavidade do abacate.

Rende 4 porções como entrada

⅓ de abacate grande firme (recém-amadurecido) cortado em cubos de 2 cm
½ pepino sem sementes e cortado em cubos de 2 cm
275 g de filé de atum fresco cortado em cubos de 1 cm
2 cebolinhas fatiadas
1 col. (chá) de gergelim tostado, para servir

Para as torradas de gergelim
1 baguete cortada em doze fatias de 1 cm de espessura
1 col. (sopa) de óleo de gergelim torrado
4 cols. (chá) de gergelim branco e outras 4 de gergelim preto

Para o molho
1 col. (sopa) de molho de soja
suco de 2 limões, mais algumas cunhas
1 col. (chá) de óleo de gergelim torrado
½-1 pimenta-malagueta
1 col. (sopa) de gengibre ralado finamente
1 col. (sopa) de coentro picado, mais um punhado pequeno de folhas

1. Comece pelo molho. Coloque o molho de soja, o suco de limão, o óleo de gergelim, pimenta-malagueta a gosto, o gengibre e o coentro no processador. Bata até ficar homogêneo e transfira para uma tigela.

2. Agora prepare o tartare. Coloque os cubos de abacate e de pepino em outra tigela, adicione metade do molho e misture delicadamente.

3. Aqueça uma frigideira canelada em fogo alto e distribua as fatias de baguete em uma única camada até tostar. Retire do fogo, vire as fatias e pincele o lado não tostado com o óleo de gergelim. Espalhe o gergelim de modo uniforme sobre as torradas e volte à frigideira até tostar.

4. Adicione o atum e as folhas de coentro reservadas à tigela com o molho restante e misture.

5. Para servir, coloque um quarto da mistura de abacate e pepino dentro de um aro vazado de 8 cm (ou um cortador de biscoito) disposto no centro de um prato, depois a espalhe uniformemente para preencher o aro. Cubra com o tartare de atum, com a ajuda de uma colher. Decore com um pouco de cebolinha e uma pitada de gergelim tostado. Repita com as três porções restantes. Sirva com as torradas de gergelim.

Se você não tiver um aro vazado, sirva o tartare em copos pequenos.

ROLINHO DE CAMARÃO E ABACATE

Abacate e camarão formam uma dupla maravilhosa para atualizar o clássico vietnamita (foto na página seguinte).

Rende 4 porções

- 80 g de macarrão de arroz [como bifum]
- 8 discos de folha de arroz
- 16 camarões grandes cozidos sem casca e cortados ao meio no sentido do comprimento
- um punhado pequeno de folhas de coentro
- 2-3 cols. (sopa) de folhas de hortelã rasgadas, mais algumas folhas
- ⅓ de pepino sem sementes e cortado em palitos finos
- 1 cenoura ralada ou cortada em palitos
- ¼ de alface-americana cortada em tiras finas
- ¼ de abacate grande firme (recém-amadurecido) fatiado
- 3 cols. (sopa) de amendoim salgado picado

Para o molho
- suco e raspas de 2 limões
- 2 cols. (chá) de açúcar mascavo ou açúcar de coco
- 2 cols. (sopa) de molho tailandês de peixe [nam pla]
- 1 col. (sopa) de molho de soja
- 1 pimenta olho de pássaro [ou pimenta-malagueta] sem sementes e picada

1. Coloque o macarrão de arroz em uma tigela e cubra com água fervente. Deixe por 4-5 minutos, escorra bem e passe sob água fria. Reserve.

2. Encha uma tigela com água fria. Mergulhe rapidamente uma folha de arroz na tigela, sacuda o excesso de água e transfira-a para uma tábua de corte limpa. Esse procedimento é para torná-la flexível; mas cuidado para não mergulhá-la por muito tempo, pois isso a deixará frágil e difícil de manusear.

3. Alinhe quatro metades de camarão no meio da folha de arroz. Ladeie o camarão com uma linha de coentro e de hortelã. Cubra com um pouco de macarrão de arroz, um pouco de pepino, cenoura, alface-americana e abacate.

4. Adicione uma pitada de amendoim picado. Em seguida, dobre a parte inferior da folha sobre o recheio. Dobre as laterais e enrole. Repita com as folhas e o recheio restantes.

5. Para o molho, bata o suco e as raspas de limão com o açúcar mascavo e os molhos de soja e de peixe. Em seguida, junte a pimenta olho de pássaro. Despeje água a gosto.

6. Sirva os rolinhos com o molho e algumas folhas de coentro.

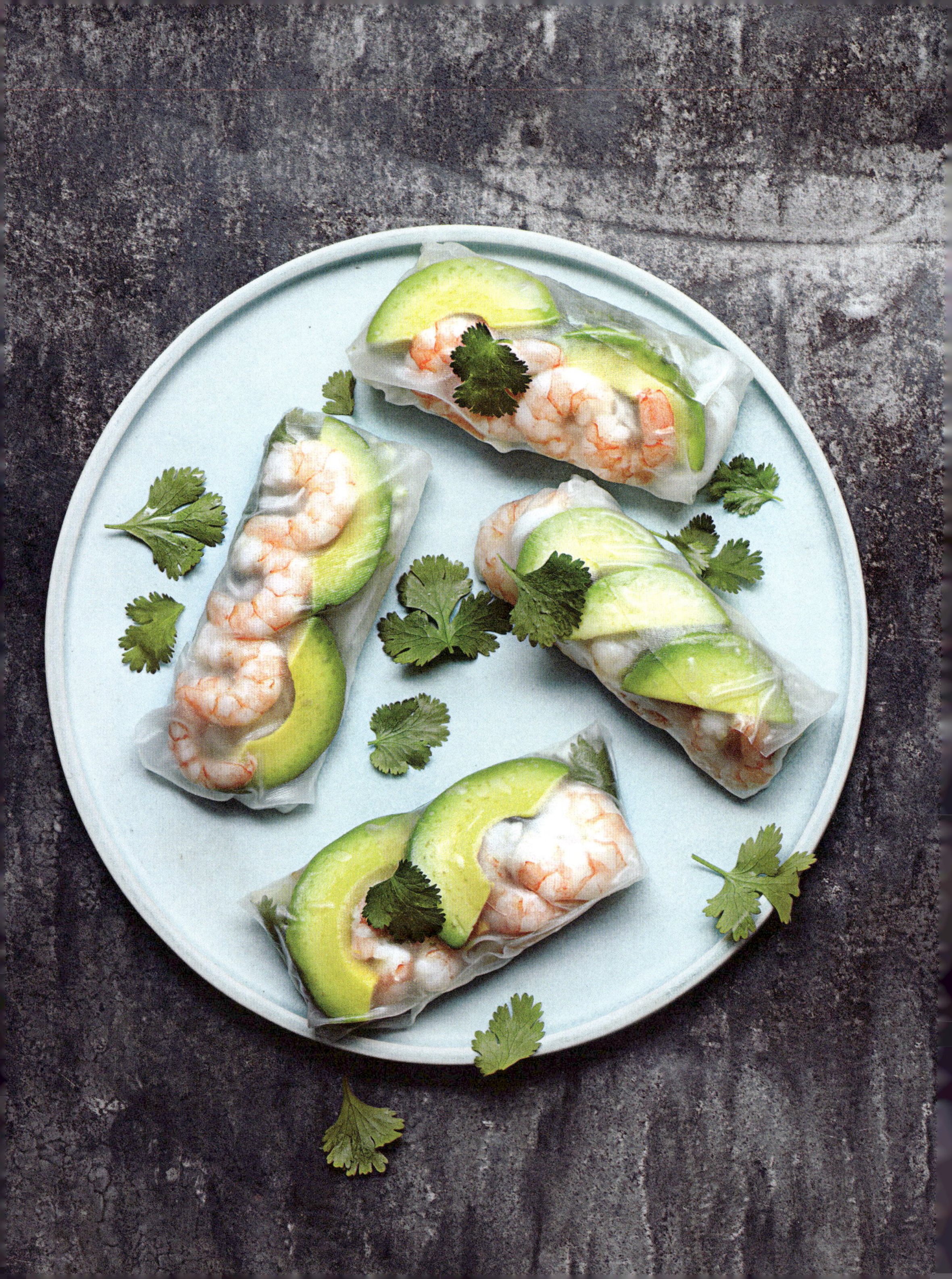

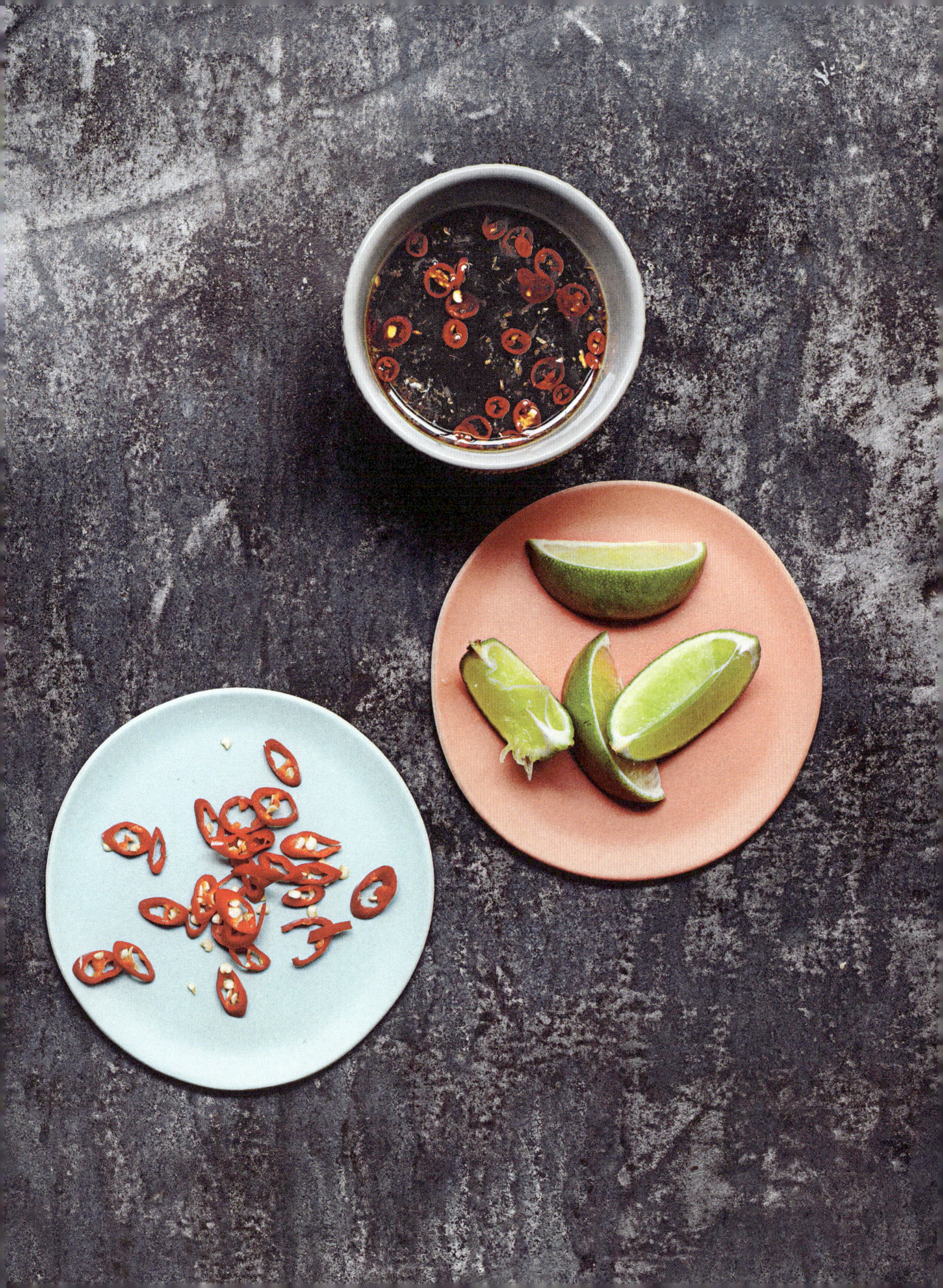

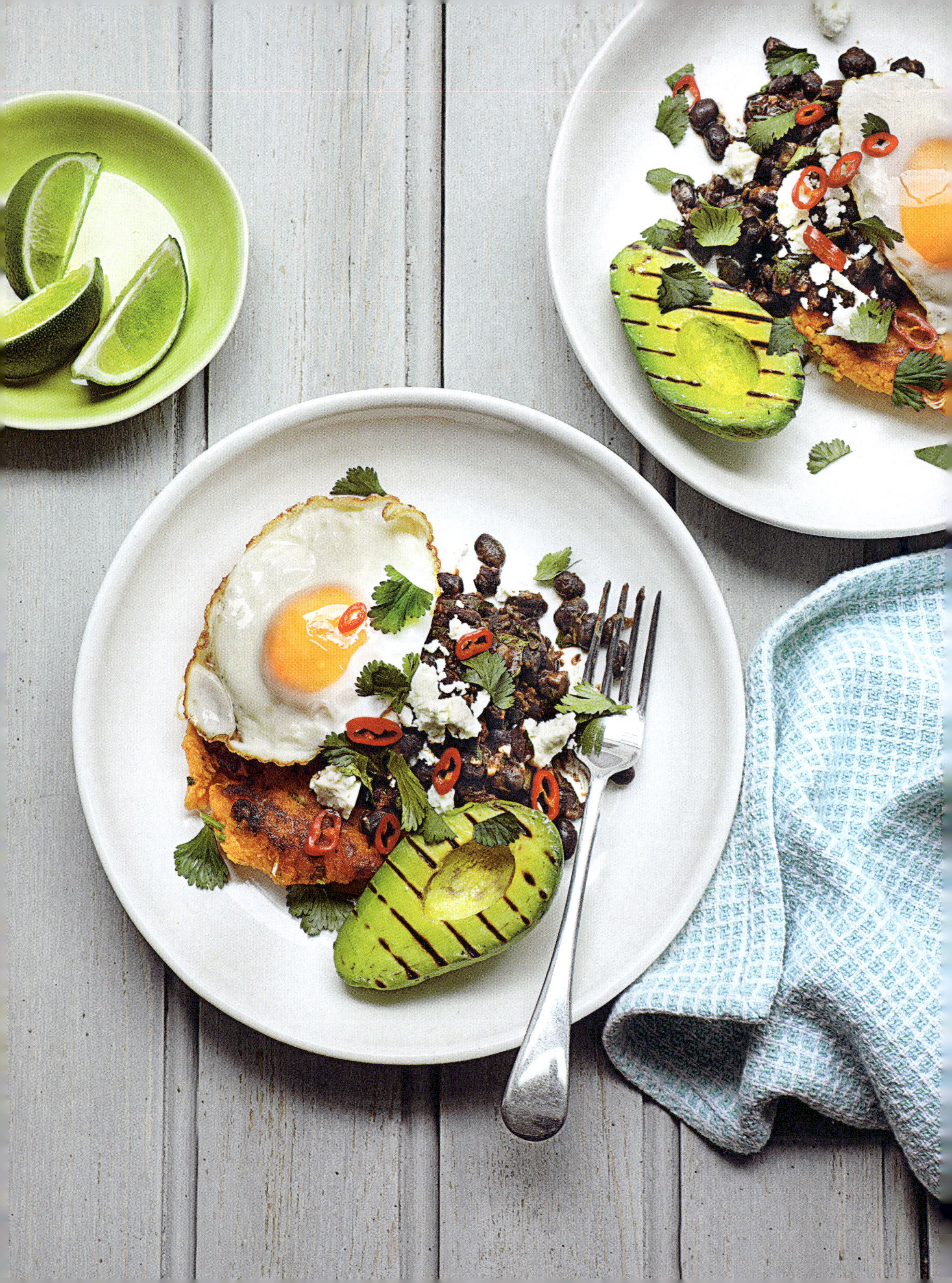

HASH DE BATATA-DOCE COM FRIJOLES

* VEGETARIANO

Esse prato tipicamente inglês leva batata-doce, feijão e abacate, ingredientes perfeitos para uma ceia vegetariana.

Rende 4 porções

4 batatas-doces em pedaços de 3 cm
100 g de queijo feta, para servir
cunhas de limão, para servir
4 ovos, para fritar

Para os frijoles

2 cols. (chá) de sementes de cominho
1 col. (sopa) de azeite
1 cebola roxa picada
2 dentes de alho picados
1 col. (chá) de orégano seco
1 col. (chá) de páprica defumada
400 g de feijão-preto cozido
250 ml de caldo de legumes
sal marinho e pimenta-do-reino moída na hora

Para o hash

¼ de col. (chá) de pimenta-calabresa em flocos ou 1 pimenta-malagueta sem sementes e picada finamente
1 dente de alho amassado
4 cebolinhas picadas
25 g de coentro fresco, ramos e folhas picados separadamente
1-2 cols. (sopa) de óleo
1 abacate firme (recém-amadurecido)

1. Coloque a batata-doce em uma vasilha para micro-ondas, cubra e leve à potência média-alta por 10 minutos, ou até ficar macia (você pode cozinhá-la no vapor ou assá-la, coberta, no forno).

2. Para os frijoles, preaqueça uma frigideira funda, adicione as sementes de cominho e toste-as por cerca de 1 minuto, até ficarem aromáticas. Junte o azeite, a cebola e o alho e refogue em fogo baixo por 10 minutos. Adicione o orégano, a páprica defumada, o feijão-preto escorrido e o caldo de legumes aquecido e leve à fervura lentamente. Deixe cozinhar em fogo baixo por 15 minutos, mexendo de vez em quando, e tempere a gosto.

3. Amasse a batata-doce cozida com um garfo e adicione a pimenta-calabresa, o alho amassado, a cebolinha, os ramos de coentro e tempere. Misture. Aqueça um fio de óleo em uma frigideira grande. Divida o purê de batata-doce em quatro partes iguais. Coloque cada uma das partes na frigideira e frite por 3-4 minutos, até dourarem e ficarem crocantes; vire-as e frite por mais 2-3 minutos. Retire da frigideira e mantenha-as aquecidas. Volte a frigideira ao fogo, junte um pouco mais de óleo e frite os ovos.

4. Corte a polpa do abacate ao meio, pincele o lado cortado com um pouco de óleo e tempere. Aqueça uma frigideira canelada e, quando estiver bem quente, coloque as metades com o lado cortado para baixo. Grelhe-as por 1-2 minutos em fogo alto, até aparecerem as marcas da grelha. Corte cada metade ao meio.

5. Para servir, coloque um hash de batata-doce em cada prato, disponha os frijoles, cubra com um ovo frito e sirva cada prato com um quarto de abacate. Esmigalhe o queijo feta e decore com folhas de coentro e mais um pouco de pimenta-calabresa. Sirva com cunhas de limão.

CAVALINHA COM ABACATE E GRAPEFRUIT

* SEM GLÚTEN * SEM LATICÍNIOS

O sabor agridoce do grapefruit contrasta muito bem com a untuosidade do abacate e a suculência da cavalinha. Essa entrada não exige muito esforço e é até fácil de fazer – mesmo assim, seus convidados vão ficar impressionados.

Rende 4 porções como entrada ou almoço leve

2 grapefruits (reserve 2 cols. (sopa) do suco para o molho)
1 bulbo de erva-doce sem os talos
½ abacate firme (recém-amadurecido) fatiado
50 g de agrião
4 filés de cavalinha fresca
óleo de amendoim [ou de girassol]

Para o molho
2 cols. (sopa) de azeite extravirgem, mais um pouco para a cavalinha
1 col. (sopa) de suco de limão-siciliano ou vinagre de vinho branco
1 col. (chá) de mostarda de Dijon
1 col. (chá) de mel
½ cebola roxa fatiada
1 pimenta-malagueta sem sementes e picada finamente
sal marinho e pimenta-do-reino moída na hora

1. Comece removendo a casca e a pele branca dos grapefruits com uma faca serrilhada pequena. Em seguida, insira a faca ao lado da membrana dos gomos para soltá-los e transfira-os para uma vasilha grande.

2. Prepare o molho. Esprema o suco das membranas restantes do grapefruit numa jarra – você só precisa de 2 colheres (sopa) de suco. Junte o azeite, o suco de limão-siciliano, a mostarda de Dijon e o mel, misture bem e tempere a gosto. Adicione a cebola roxa e a pimenta-malagueta.

3. Fatie a erva-doce tão finamente quanto conseguir e adicione-a, com o abacate e o agrião, à tigela com os gomos de grapefruit.

4. Preaqueça uma frigideira. Pincele levemente os filés de cavalinha dos dois lados com um pouco de óleo e tempere. Coloque-os na frigideira quente com o lado da pele virado para baixo. Frite por 3 minutos no fogo médio-alto, até a pele ficar crocante, depois vire e frite por mais 1 minuto, ou só até ficar ao ponto. Retire a frigideira do fogo.

5. Despeje o molho sobre a salada e misture delicadamente para revestir. Divida a salada entre quatro pratos e sirva cada um com um filé de cavalinha.

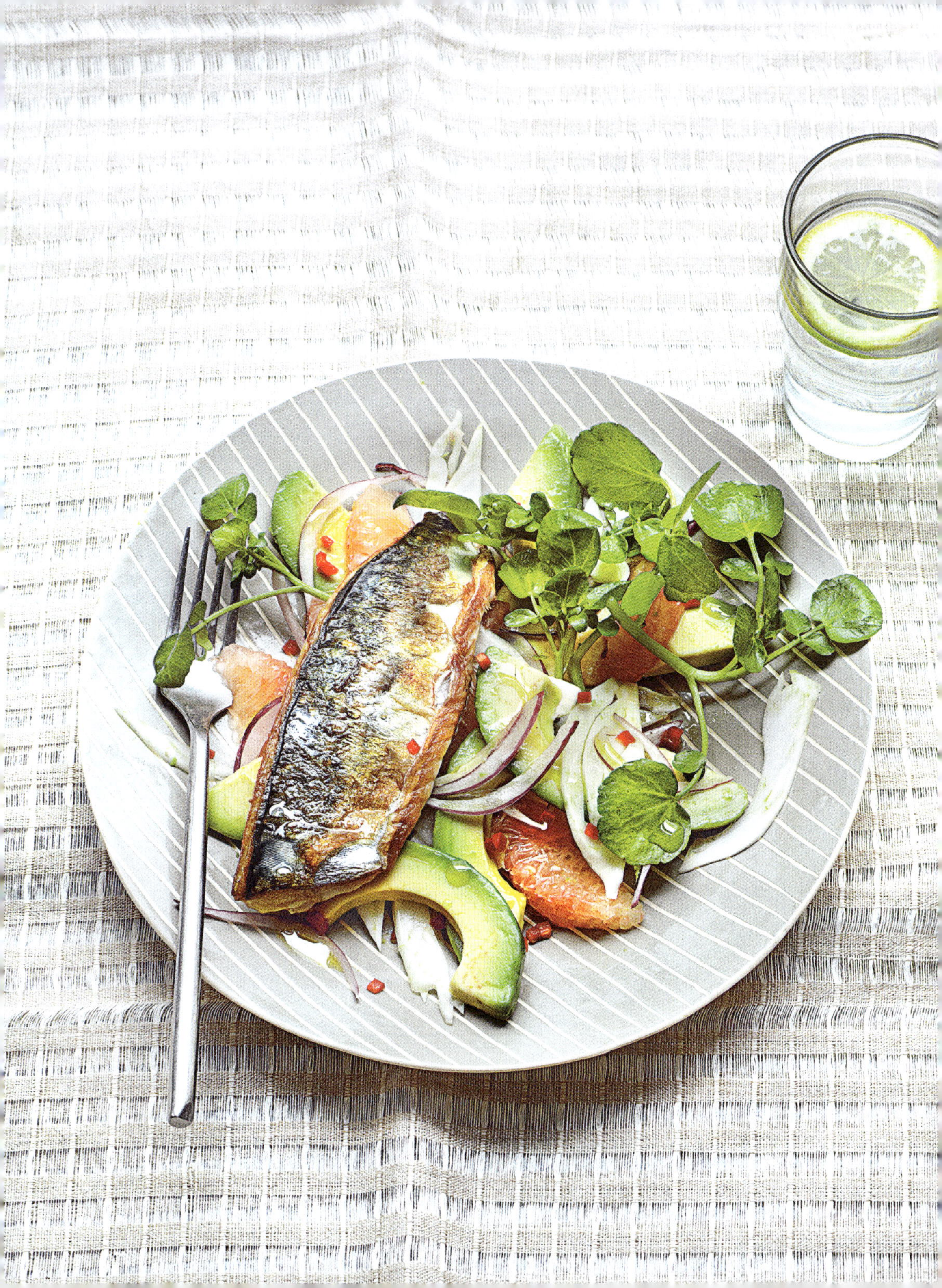

FILÉ COM SALSA DE MILHO-VERDE

*SEM GLÚTEN *SEM LATICÍNIOS

O chimichurri argentino é um molho com um mundo de sabores em uma só mordida. Use-o como base para a salsa de milho-verde e você terá o acompanhamento perfeito para um filé suculento. Você também pode servir o prato com batata-doce assada ou salada verde.

Rende 4 porções

Para a salsa

½ cebola roxa picada
1 dente de alho picado
1 pimenta-malagueta sem sementes e picada
2 cols. (sopa) de vinagre de vinho tinto
4 cols. (chá) de azeite
¼ de col. (chá) de pimenta-vermelha em pó
1 espiga de milho
1 col. (sopa) de salsa picada
½ col. (chá) de orégano seco
½ abacate firme (recém-amadurecido) cortado em cubos
125 g de tomate-cereja cortado em quartos
sal marinho e pimenta-do-reino moída na hora

Para os filés

4 filés de costela ou contrafilés
2 cols. (chá) de azeite

1. Para a salsa, coloque a cebola, o alho, a pimenta-malagueta e o vinagre em uma tigela e reserve.

2. Enquanto isso, aqueça uma frigideira canelada. Misture 1 colher (chá) de azeite com a pimenta-vermelha em pó e um pouco de sal e pimenta-do-reino. Pincele toda a espiga de milho com o azeite temperado. Quando a frigideira estiver quente, coloque a espiga e grelhe por 10-15 minutos, girando a cada 2 minutos, até chamuscar um pouco e cozinhar por igual. Transfira para uma tábua e deixe esfriar por alguns minutos.

3. Volte a frigideira canelada ao fogo. Pincele cada bife com ½ colher (chá) de azeite e tempere. Quando a frigideira estiver quente, coloque os filés de costela e grelhe em fogo alto por 3 minutos. Vire-os e grelhe por mais 2-3 minutos. O resultado deve ficar entre malpassado e ao ponto, mas isso depende da espessura dos filés. Deixe por mais tempo se preferir mais bem-passado. Transfira para um prato aquecido e reserve para descansar por alguns minutos. Talvez você precise fritar os filés em lotes, dependendo do tamanho da frigideira.

4. Adicione a salsa picada, o orégano e o azeite restante à tigela com a salsa. Em uma tábua limpa, segure firmemente a espiga pela ponta e use uma faca afiada para cortar os grãos grelhados. Adicione os grãos à salsa com o abacate e o tomate-cereja. Misture e tempere a gosto.

5. Sirva os filés com a salsa.

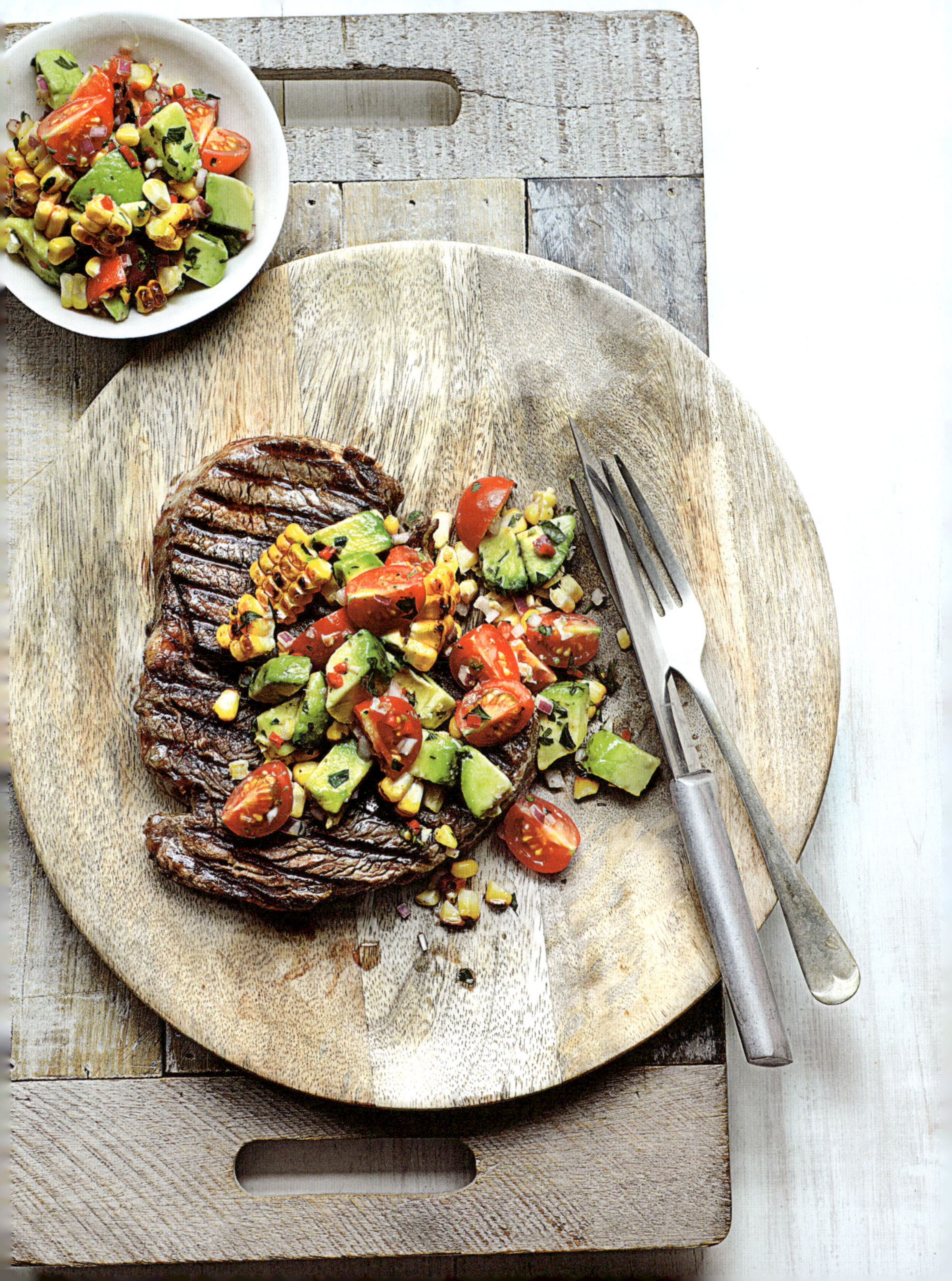

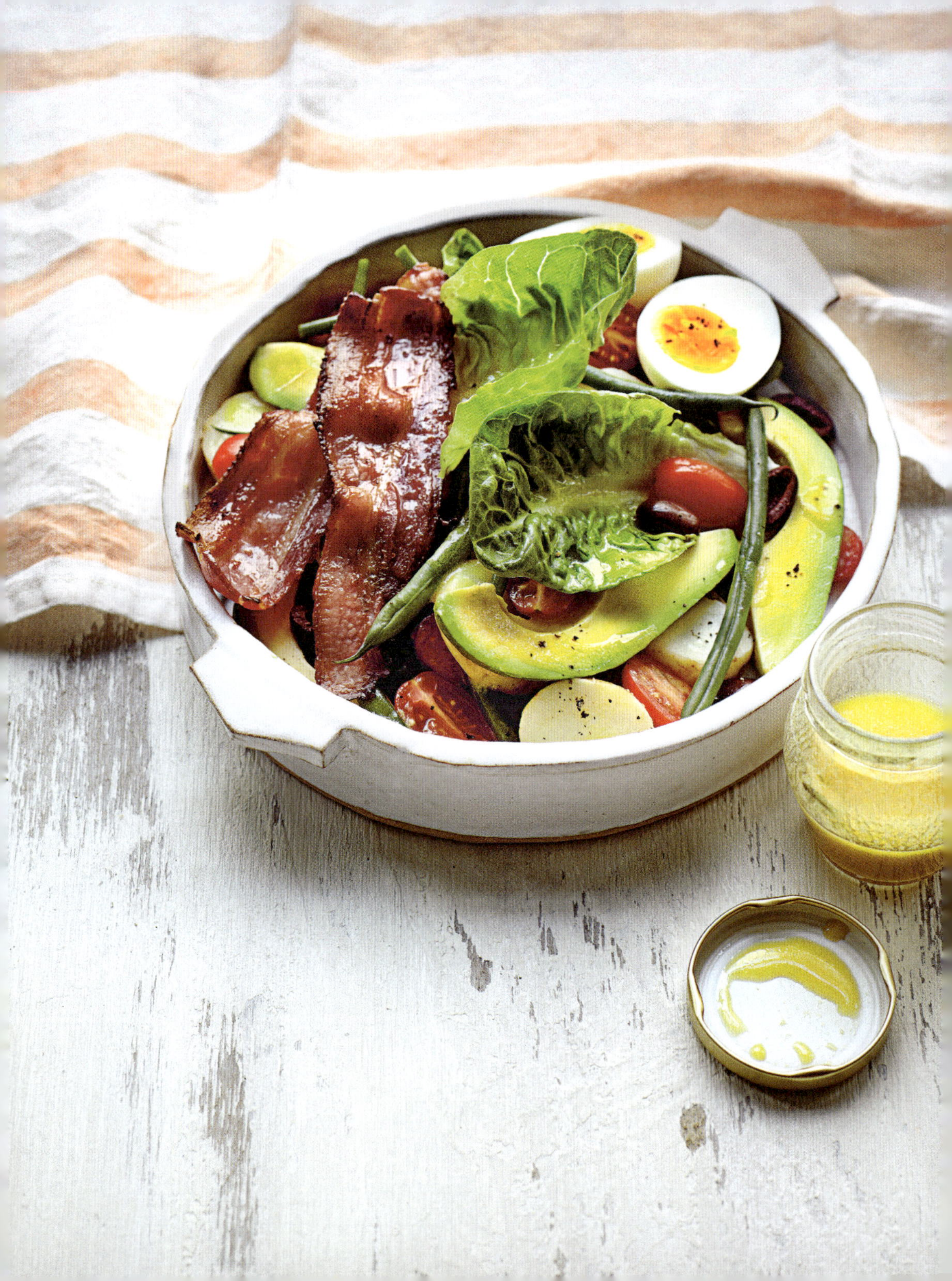

SALADA "NIÇOISE" DE ABACATE E BACON
* SEM GLÚTEN * SEM LATICÍNIOS

Como regra, não se deve modificar a salada Niçoise – afinal, como quase todo prato francês, ela é perfeitamente equilibrada. Mas, ao trocar o atum pelo bacon crocante e adicionar fatias cremosas de abacate, você terá uma nova versão desse clássico que merece ser apreciada.

Rende 4 porções

500 g de batata-bolinha
200 g de vagem-manteiga aparada
8-12 tiras de bacon defumado
4 ovos médios em temperatura ambiente
2 alfaces-romanas baby separadas em folhas
225 g de minitomate ou tomate-cereja cortado em quartos no sentido do comprimento
1 abacate firme (recém-amadurecido) fatiado
16 azeitonas pretas sem caroço cortadas ao meio

Para o molho
2 cols. (chá) de mostarda de Dijon ou mostarda extraforte
2 cols. (chá) de mel
4 cols. (sopa) de azeite
2 cols. (sopa) de vinagre de vinho branco
sal marinho e pimenta-do-reino moída na hora

1. Cozinhe a batata-bolinha em uma panela grande com água fervente salgada por cerca de 20 minutos, até ficar macia. Junte a vagem nos últimos 4 minutos de cozimento. Escorra e passe sob a água fria até esfriar.

2. Aqueça uma frigideira canelada e disponha nela o bacon. Grelhe por cerca de 5 minutos, virando na metade do tempo, até ficar crocante. Reserve.

3. Coloque os ovos em uma panela e cubra-os com água fria. Leve à fervura e deixe borbulhar por 3 minutos se preferir a gema mole, 4 minutos para uma mais firme ou até 5 minutos para a gema dura. Escorra, coloque os ovos em uma tigela e cubra com água fria. Em seguida, descasque-os e corte-os ao meio.

4. Faça o molho misturando todos os ingredientes com uma pitada de sal e uma moagem generosa de pimenta-do-reino.

5. Fatie as batatas-bolinhas e coloque em uma saladeira grande com a vagem-manteiga, a alface-romana baby, o tomate-cereja, o abacate e as azeitonas. Em seguida, regue a salada com o molho e misture. Divida entre quatro pratos, complete com os ovos cortados ao meio e o bacon. Sirva imediatamente.

Ovos muito frescos são difíceis de descascar. Use ovos botados há 1-2 semanas para facilitar a remoção da casca.

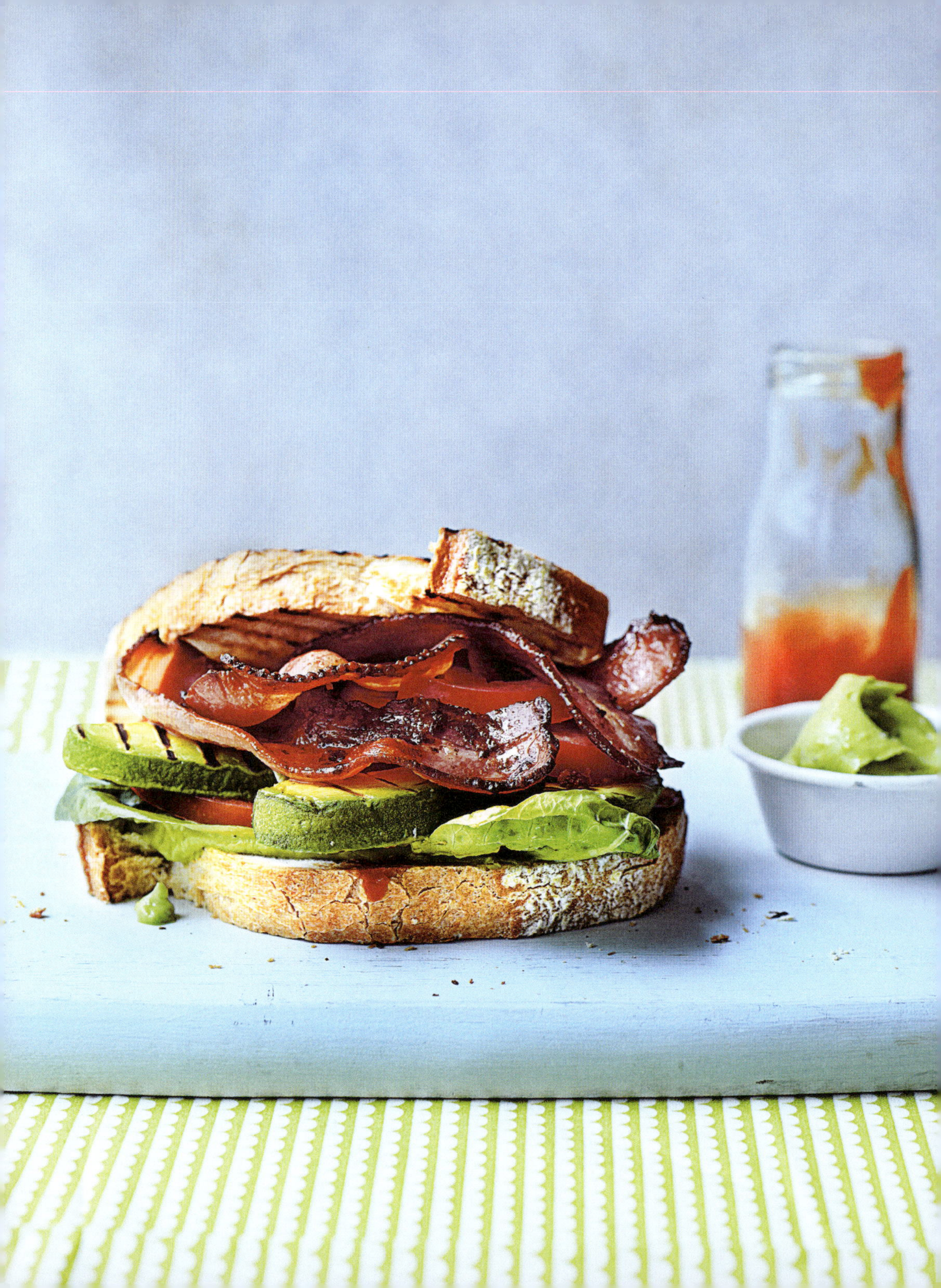

BLT COM ABACATE

* SEM LATICÍNIOS

O abacate dá um upgrade ao sanduíche BLT [sigla em inglês para bacon, alface e tomate], típico do café da manhã e do brunch britânicos. Capriche no recheio e, se estiver com muita fome, arremate com um ovo frito.

Rende 2 porções

- 6 tiras de bacon defumado
- ½ abacate firme (recém-amadurecido)
- 1 col. (sopa) de maionese (opcional)
- ½ limão-siciliano
- 4 fatias grossas de seu pão preferido (um pão branco rústico e macio funciona bem)
- 4 folhas de alface-romana baby [ou americana]
- 1 tomate italiano grande e maduro fatiado
- ketchup, para servir (opcional)
- sal marinho e pimenta-do-reino moída na hora

1. Aqueça uma frigideira canelada e disponha as tiras de bacon sobre ela. Grelhe por cerca de 5 minutos, virando-o na metade do tempo, até a gordura dourar e começar a ficar crocante.

2. Descasque o abacate e bata metade da polpa com a maionese, se for usar, e limão espremido. Tempere com sal e pimenta-do-reino moída a gosto. Reserve.

3. Preaqueça novamente a frigideira canelada. Corte o abacate restante em fatias grossas e leve-as à frigideira por 30 segundos de cada lado, ou até aparecerem as marcas da grelha.

4. Toste o pão, espalhe sobre ele a "maionese" de abacate e acomode em camadas a alface-romana, o tomate italiano, as fatias de abacate e o bacon. Feche o sanduíche com outra fatia de pão torrado. Sirva imediatamente, com ketchup, se quiser.

Algumas pessoas preferem manter a casca do abacate ao cortá-lo. Para isso, segure meio abacate sem caroço pela casca e corte com cuidado a polpa em cubos ou fatias. Então, solte a polpa da casca com uma colher para manter os pedaços intactos.

SALADA VERDE

*VEGETARIANO *SEM GLÚTEN *SEM LATICÍNIOS

Sirva somente essa salada, para um almoço leve, ou esmigalhe queijo feta sobre ela e adicione frango, cavalinha, salmão ou ovos para uma refeição mais substanciosa.

Rende 4 porções

- 175 g de quinoa
- 200 g de brócolis roxos ou do tipo ramoso cortados em pedaços
- 150 g de edamame congelado
- 2 cols. (sopa) de amêndoa inteira com pele
- 2 cols. (sopa) de sementes mistas (girassol e abóbora funcionam bem)
- 100 g de espinafre
- 1 abacate firme (recém--amadurecido) fatiado
- 4 cebolinhas fatiadas
- um punhado pequeno de folhas de salsa e outro de hortelã picadas grosseiramente

Para o molho

- 3 cols. (sopa) de azeite extravirgem
- 4 cols. (sopa) de suco de limão-siciliano
- 2 cols. (chá) de mel
- 1 dente de alho quebrado
- sal marinho e pimenta-do--reino moída na hora

1. Cozinhe a quinoa em uma panela grande com água fervente ou caldo de legumes sem glúten por 15-20 minutos, ou até ficar macia. Escorra e transfira para uma tigela grande.

2. Enquanto isso, cozinhe os brócolis em uma panela com água fervente por 3-4 minutos, só até ficarem *al dente*, e junte o edamame sem as cascas no último minuto de cozimento. Escorra e transfira para uma tigela com água fria ou gelada para interromper o cozimento.

3. Para o molho, coloque o azeite, o suco de limão-siciliano, o mel e o alho em um pote de vidro limpo com uma pitada de sal marinho e pimenta-do-reino. Tampe e agite bem até o molho emulsionar. Reserve.

4. Aqueça uma frigideira, adicione as amêndoas e toste-as por alguns minutos, mexendo de vez em quando até tostarem. Reserve para esfriar um pouco e pique-as. Coloque-as de novo na frigideira para aquecer, junte as sementes e toste tudo por cerca de 2 minutos. Reserve.

5. Retire do molho o dente de alho, despeje o molho sobre a quinoa e adicione os vegetais cozidos e resfriados, o espinafre, o abacate, a cebolinha e as ervas. Misture tudo delicadamente para revestir. Cubra com as sementes e as amêndoas tostadas.

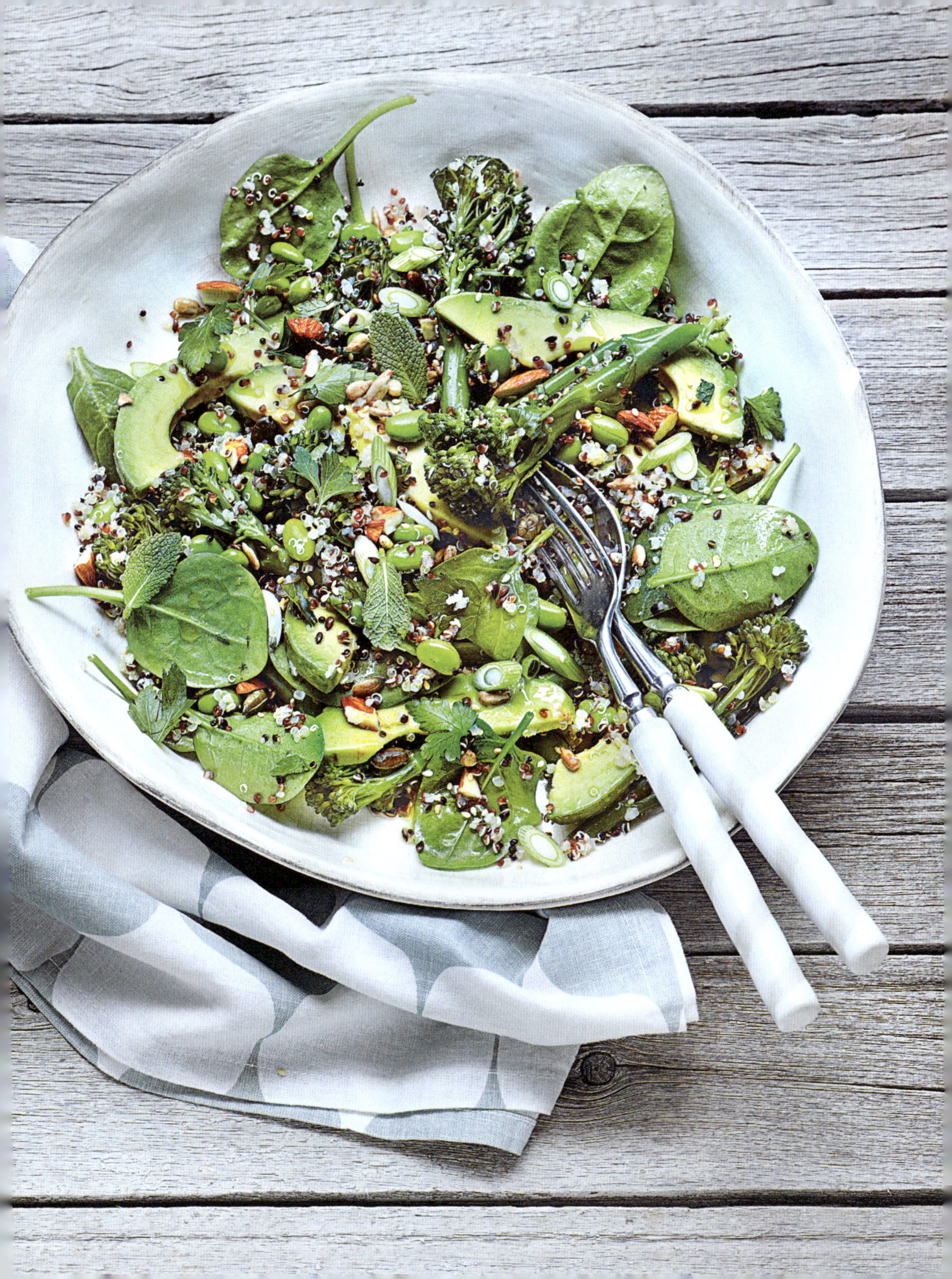

SALADA DE BATATA SAUDÁVEL

*VEGETARIANO *SEM GLÚTEN

Essa alternativa saborosa à salada de batata tradicional já é, por si só, deliciosa – mas, como não leva maionese, é também a escolha perfeita para quem não pode comer ovo ou simplesmente deseja um prato mais leve. Sirva em um dia quente com frango assado e uma salada de agrião ou alface.

Rende 4 porções

500 g de batata-bolinha
½ abacate firme (recém--amadurecido)
1 col. (chá) de mostarda de Dijon
1 col. (sopa) de suco de limão-siciliano
2 cols. (sopa) de iogurte grego sem açúcar
½ col. (chá) de mel
½ cebola roxa ou 4 cebolinhas picadas finamente
um punhado pequeno de folhas de salsa picadas
sal marinho e pimenta-do--reino moída na hora

1. Cozinhe a batata-bolinha em uma panela grande com água fervente salgada por cerca de 20 minutos, até ficar macia. Escorra, resfrie sob água corrente fria, escorra novamente e reserve.

2. Enquanto isso, pique grosseiramente metade da polpa do abacate e transfira para o processador com a mostarda de Dijon, o suco de limão-siciliano, o iogurte grego, o mel e uma pitada generosa de sal marinho e pimenta-do-reino. Bata até ficar homogêneo e tempere a gosto.

3. Corte ao meio ou em quartos as batatas que estiverem muito grandes e coloque-as em uma tigela. Corte o abacate restante em cubos grandes e adicione à tigela com a cebola roxa e a salsa. Junte o molho e misture delicadamente para revestir. Sirva imediatamente.

SALSA VERDE DE ABACATE *SEM LATICÍNIOS

Nessa variação, os cubos sedosos do abacate suavizam o sabor marcante da salsa verde tradicional. Fica deliciosa como acompanhamento para costeleta de cordeiro grelhada ou peixe branco assado.

Rende 4 porções

1 dente de alho picado
1 col. (sopa) de vinagre de vinho branco
1 col. (chá) de mostarda de Dijon
pimenta-do-reino moída na hora
uma pitada de açúcar ou ½ col. (chá) de mel
1 col. (sopa) de alcaparra em conserva escorrida e picada grosseiramente
25 g de pepino em conserva escorrido e fatiado
2 anchovas em conserva picadas finamente (opcional)
1 echalota [nota p. 16] picada finamente
15 g de cada de folhas de salsa e de hortelã picadas
3 cols. (sopa) de azeite extravirgem ou óleo de abacate
½ abacate firme (recém-amadurecido) cortado em cubos de 1 cm
costeletas de cordeiro grelhadas ou peixe assado, para servir

1. Coloque o alho em uma tigela média. Junte o vinagre de vinho branco, a mostarda de Dijon, um pouco de pimenta-do-reino moída na hora e uma pitada de açúcar. Bata com um garfo para misturar.

2. Junte a alcaparra, o pepino e a anchova, se for usar, na mesma tigela. Coloque a echalota, as ervas e o azeite e misture delicadamente.

3. Amasse um quarto dos cubos de abacate com um garfo até ficar homogêneo. Junte à salsa, depois adicione o abacate restante e misture delicadamente. Sirva com costeletas de cordeiro grelhadas ou peixe assado.

Misture a polpa do abacate com gotas de limão ou limão-siciliano para ela não escurecer.

EM PEDAÇOS

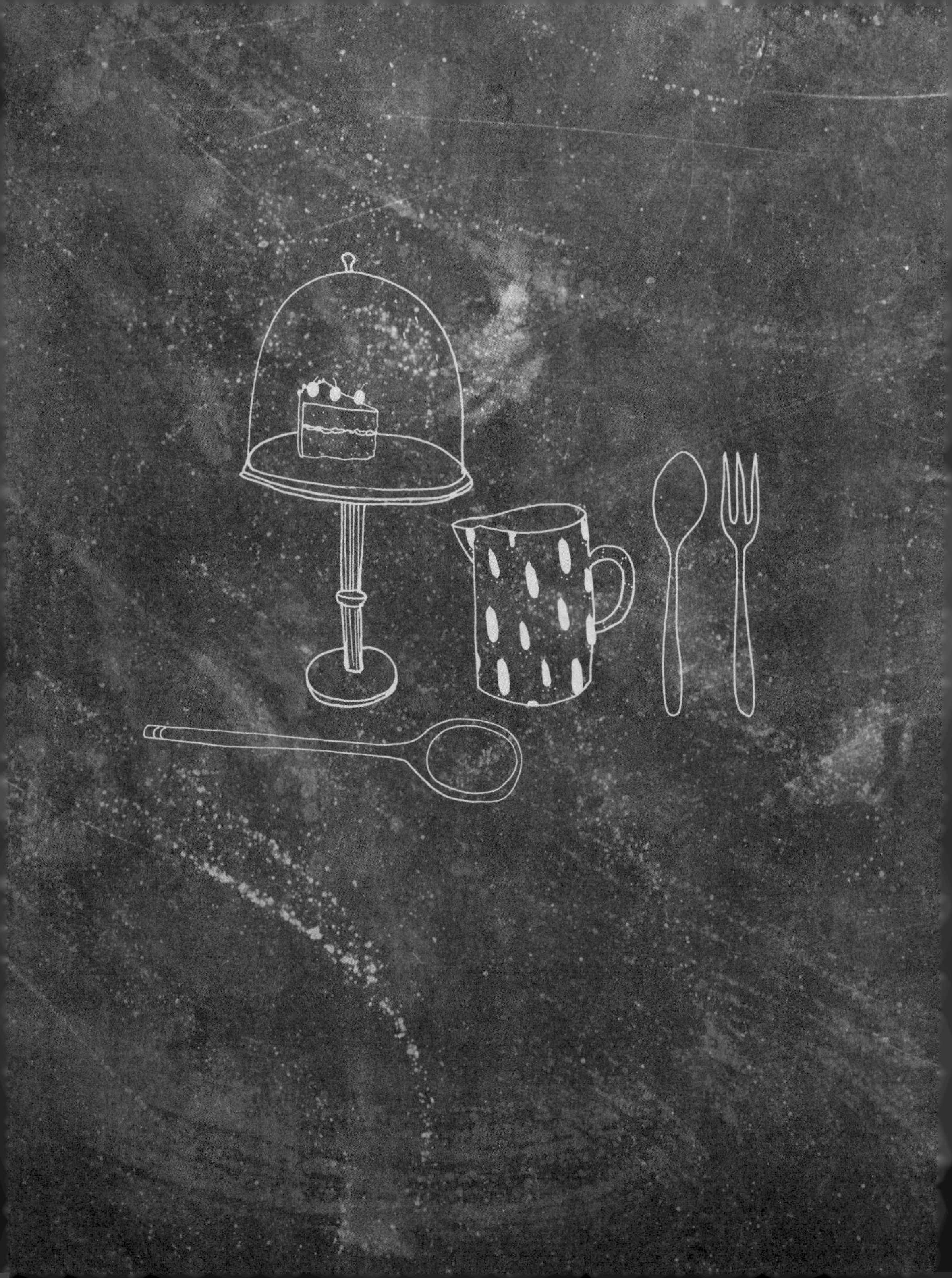

DOCE

PASTA DE AVELÃ COM CACAU

*VEGETARIANO *SEM LATICÍNIOS *SEM GLÚTEN

As pastas de chocolate compradas prontas são ricas em energia, mas têm baixo teor de nutrientes. O abacate melhora o poder nutritivo dessa pasta caseira e é livre de quaisquer aditivos ou conservantes maléficos. Faça um pote para o fim de semana e espalhe em sua torrada preferida. Experimente trocar a avelã por amêndoa ou castanha-de-caju. Dura 4 dias na geladeira em recipiente hermético.

Rende 1 pote de 275 ml (cerca de 275 g)

100 g de avelã sem pele
⅓ de abacate maduro
½ col. (chá) de extrato de baunilha
25 g de cacau em pó peneirado (verifique o rótulo para saber se não contém traços de leite)
4 cols. (sopa) de maple syrup
sal marinho
torrada, para servir

1. Preaqueça o forno a 180°C. Espalhe as avelãs em uma assadeira e leve ao forno por 10 minutos, até dourarem e ficarem tostadas. Deixe esfriar.

2. Transfira as avelãs para o processador e bata até moer finamente. Continue batendo até se transformar em uma pasta.

3. Pique grosseiramente a polpa do abacate e adicione ao processador com o extrato de baunilha, o cacau em pó, o maple syrup e uma pitada de sal marinho. Bata até ficar homogêneo.

4. Transfira para um pote de vidro ou recipiente hermético e mantenha refrigerado. Espalhe sobre uma fatia de pão torrada na hora.

CREME DE CACAU COM PECÃS CARAMELADAS

*VEGETARIANO *SEM LATICÍNIOS *SEM GLÚTEN

Esse creme irresistível e nutritivo pode ser feito com antecedência e é tão delicioso quanto uma musse de chocolate clássica, embora seja feito sem creme de leite, ovo ou chocolate. A receita faz 4 porções pequenas – mas, se você estiver com aquela vontade de repetir, é só dobrar a quantidade de ingredientes.

Rende 4 porções

⅓ de abacate maduro
1 banana grande madura picada
4 cols. (sopa) de maple syrup
40 g de cacau em pó peneirado (verifique o rótulo para saber se não contém traços de leite)

Para as pecãs carameladas
óleo sem sabor, para untar, como de amendoim [ou de canola]
50 g de pecãs
50 g de açúcar
2 cols. (sopa) de maple syrup
uma pitada de sal marinho

1. Comece pelo creme de chocolate. Coloque a polpa do abacate no processador com a banana, o maple syrup, o cacau em pó e uma pitada pequena de sal. Bata até ficar homogêneo.

2. Divida entre quatro copos pequenos ou xícaras de café e leve à geladeira para gelar por pelo menos 1 hora ou até 6 horas.

3. Enquanto isso, prepare as pecãs carameladas. Forre uma assadeira com papel-manteiga e unte-o de leve com um pouco de óleo sem sabor. Espalhe as pecãs na assadeira e reserve.

4. Coloque o açúcar, o maple syrup e 1 colher (sopa) de água fria em uma frigideira antiaderente com fundo grosso. Aqueça delicadamente em fogo baixo até o açúcar dissolver, sem mexer. Isso levará cerca de 5 minutos. Em seguida, deixe borbulhar até dourar bem, o que levará mais 3-5 minutos. A água precisa evaporar para o açúcar virar caramelo (e endurecer). Adicione sal marinho e despeje o caramelo sobre as pecãs. Deixe esfriar por pelo menos 30 minutos, até endurecer. Em seguida, quebre as pecãs carameladas em lascas com um rolo de massa.

5. Espalhe algumas lascas sobre cada copo de creme de chocolate e sirva.

TRUFA DE CHOCOLATE COM COCO

*VEGETARIANO *SEM LATICÍNIOS *SEM GLÚTEN

Esses docinhos são muito simples de fazer e não levam creme de leite, usado tradicionalmente na ganache de chocolate, que é repleto de gordura. O abacate acrescenta um sabor rico e agradável, além de vários benefícios nutricionais. Invente coberturas – experimente pistache triturado, avelã torrada e picada ou chocolate ralado.

Rende 18-20 unidades

125 g de chocolate amargo (cerca de 70% de cacau; verifique o rótulo para saber se não contém traços de leite) picado

2½ cols. (sopa) de açúcar mascavo

½ col. (chá) de extrato de baunilha

cerca de 130 g de abacate maduro

3 cols. (sopa) de creme de coco*

50 g de coco ralado, para cobrir

1. Derreta lentamente o chocolate amargo e o açúcar mascavo em uma tigela refratária em banho-maria com água quase fervendo. Quando derreter, retire do fogo e misture o extrato de baunilha. Deixe esfriar por cerca de 20 minutos.

2. Pique grosseiramente a polpa de abacate, coloque-a no processador e junte a mistura de chocolate fria e o creme de coco. Bata até ficar homogêneo. Transfira para uma tigela e leve à geladeira por pelo menos 2 horas, ou até ficar firme.

3. Espalhe o coco ralado em uma assadeira grande. Pegue uma colher (chá) da mistura e enrole em uma bola, depois role no coco para revestir. Repita até usar toda a mistura, transfira para uma bandeja forrada com papel-manteiga e leve à geladeira até a hora de servir. As trufas duram 2-3 dias na geladeira em um recipiente hermético.

* Prepare o leite de coco caseiro primeiro: bata o coco fresco em pedaços com água morna e coe. Deixe na geladeira por cerca de 5 horas, e a gordura (o creme) se solidificará. Basta tirar com a colher e guardar em potes de vidro esterilizados.

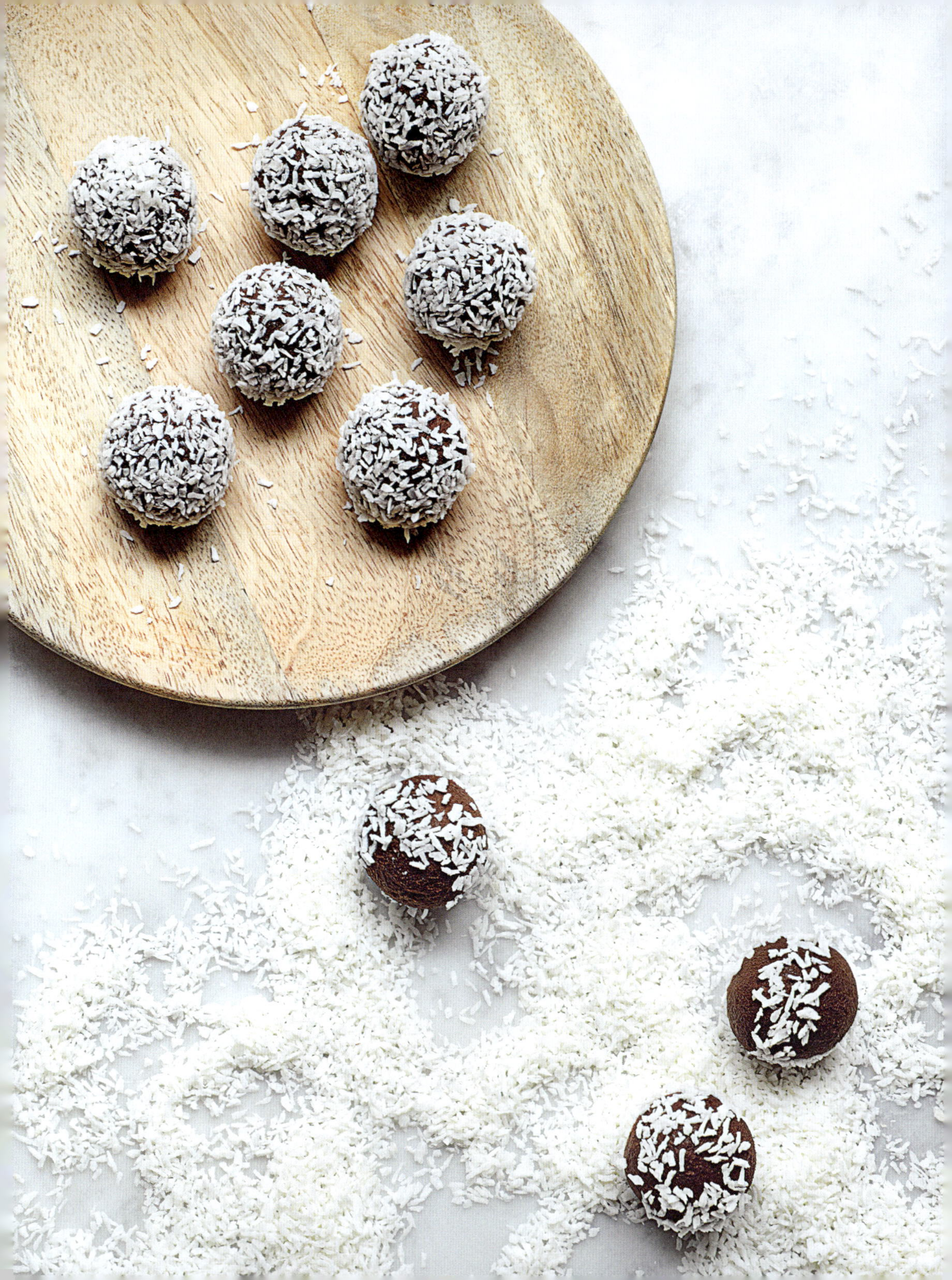

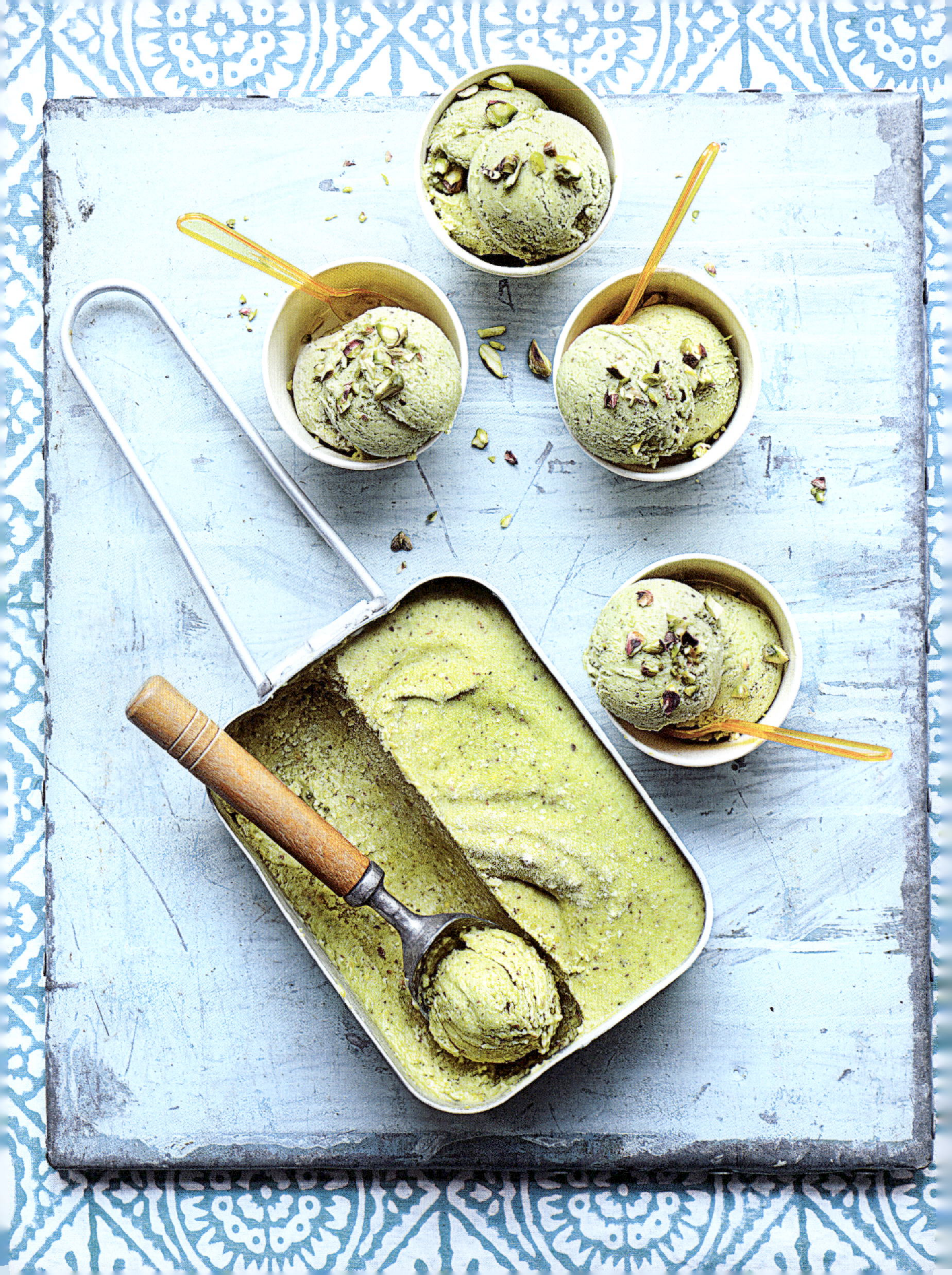

SORVETE DE PISTACHE E ABACATE

* VEGETARIANO * SEM LATICÍNIOS * SEM GLÚTEN

O abacate adapta-se perfeitamente a essa versão do clássico italiano. Sua cor verde vibrante reforça a tonalidade natural do pistache e empresta cremosidade e textura sem a necessidade de laticínios ou ovos.

Rende 8-10 porções (850 ml)

400 ml de leite de coco
100 g de açúcar demerara
150 g de pistache descascado
cerca de 160 g de abacate maduro
sal marinho

1. Coloque o leite de coco e o açúcar demerara em uma panela. Aqueça em fogo baixo até o açúcar dissolver – não deixe ferver. Retire do fogo. Deixe esfriar e leve à geladeira por pelo menos 1 hora, até gelar.

2. Quando o leite de coco adoçado estiver completamente gelado, coloque o pistache no processador e moa até ficar fino. Em seguida, adicione a polpa do abacate, o leite de coco adoçado, uma pitada de sal marinho e bata até ficar homogêneo. Prove e adicione um pouco mais de sal, se necessário.

3. Transfira para uma máquina de sorvete e bata por 30-40 minutos, até ficar bem espesso, e depois transfira para um recipiente próprio para freezer (de cerca de 1 litro). Deixe por pelo menos 4 horas, ou até o momento de servir. Se você não tiver sorveteira, transfira a massa para um recipiente próprio para freezer e congele por pelo menos 8 horas, mexendo a cada 30 minutos, até solidificar.

Se houver sobras de abacate maduro, congele-as. A textura do abacate descongelado não é agradável para saladas, mas é perfeita para bater e transformar em smoothies e molhos, ou para amassar e fazer guacamole.

DOCE

BROWNIE DE CHOCOLATE E AVELÃ

*VEGETARIANO *SEM LATICÍNIOS

Esse brownie é tão gostoso que até parece um daqueles doces pecaminosos. Não vou dizer que ele é completamente inocente, mas usar abacate no lugar de manteiga reduz a quantidade de gordura saturada (e de calorias em geral). É ideal para quem não consome laticínios.

Rende 12-16 porções

100 g de avelã sem pele
150 g de chocolate amargo (cerca de 70% cacau; verifique o rótulo para saber se não contém traços de leite) picado
50 g de óleo de coco, mais um pouco para untar
3 ovos médios
200 g de açúcar mascavo
1 col. (chá) de extrato de baunilha
cerca de 175 g de abacate maduro
100 g de farinha de trigo com fermento
25 g de cacau em pó (verifique o rótulo para saber se não contém traços de leite)
sal marinho

1. Preaqueça o forno a 180°C. Unte uma assadeira de 20 cm × 20 cm e forre-a com papel-manteiga. Espalhe as avelãs em outra assadeira grande e leve ao forno por 6-8 minutos, até tostarem. Reserve para esfriar e pique-as grosseiramente. Coloque 100 g de chocolate amargo picado com o óleo de coco em uma vasilha refratária e derreta o chocolate em banho-maria em fogo baixo. Retire do fogo e deixe esfriar um pouco.

2. Enquanto isso, bata os ovos, o açúcar mascavo e o extrato de baunilha no processador. Adicione a polpa do abacate e bata até ficar homogêneo. Transfira para uma tigela grande, junte o chocolate resfriado, peneire a farinha de trigo com fermento e o cacau em pó, junte uma pitada de sal e misture. Adicione a maior parte das avelãs picadas e o chocolate restante.

3. Transfira a massa para a assadeira com papel-manteiga e nivele. Espalhe as avelãs picadas restantes e asse por 20-25 minutos, até ficar firme ao toque. Deixe o brownie um pouco na assadeira antes de transferi-lo para uma grade a fim de esfriar completamente. Corte em quadrados. Fica delicioso servido quente com sorvete de baunilha, caso você não tenha intolerância a laticínios. Dura 3 dias em um recipiente hermético.

Se você gostar de brownie sabor mocha e consumir laticínios, adicione à receita 2 cols. (chá) de pó para café instantâneo e troque o chocolate amargo pelo ao leite.

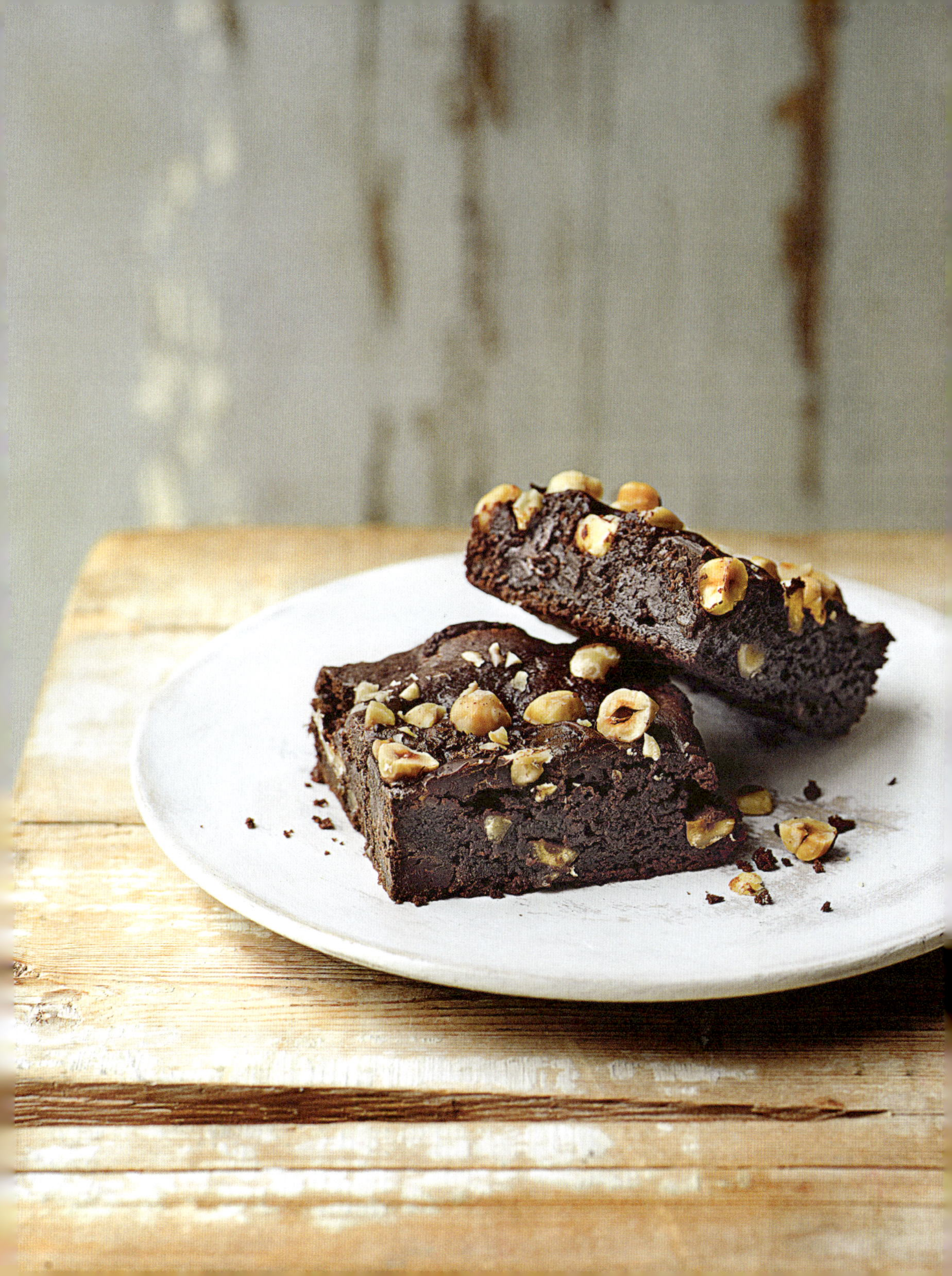

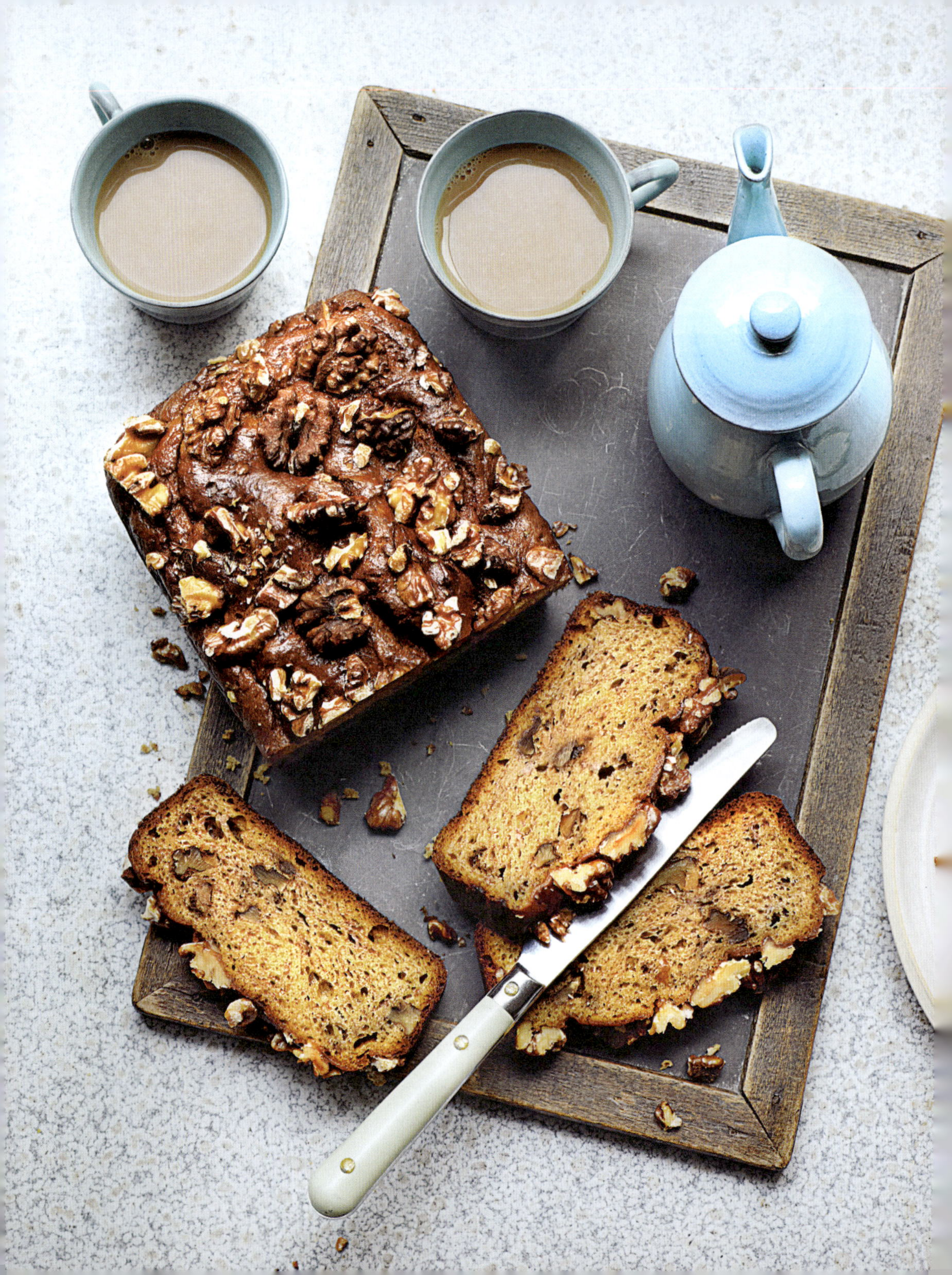

BOLO INGLÊS DE BANANA E NOZES • VEGETARIANO • SEM LATICÍNIOS

O abacate entra, mais uma vez, no lugar da manteiga, deixando esse bolo sem laticínios. A substituição também diminui a quantidade de gordura saturada e as calorias em relação aos bolos ingleses comuns. Use bananas maduras ou até mesmo passadas. Sempre que sobrar uma banana de casca escurecida, madura demais para comer, congele-a com a casca e descongele antes de usar.

Rende 10 porções

óleo de coco, para untar (opcional)

75 g de nozes picadas grosseiramente
cerca de 75 g de abacate maduro
125 g de açúcar mascavo
1 ovo grande
1 col. (chá) de extrato de baunilha
175 g de farinha de trigo
2 cols. (chá) de fermento em pó químico
sal marinho
3 bananas bem maduras, quase passadas, amassadas (cerca de 275-300 g)

1. Preaqueça o forno a 180°C. Forre uma fôrma de bolo inglês antiaderente com capacidade para 900 g (21 cm × 10 cm × 7 cm) com papel-manteiga. Se não for antiaderente, unte-a com um pouco óleo de coco.

2. Espalhe as nozes em uma assadeira grande e leve ao forno por 5 minutos. Deixe esfriar e pique-as grosseiramente.

3. Enquanto isso, coloque a polpa do abacate, o açúcar mascavo, o ovo e o extrato de baunilha no processador. Bata até ficar homogêneo. Transfira para uma vasilha grande.

4. Peneire a farinha de trigo, o fermento em pó e uma pitada de sal marinho. Bata com um fouet, junte a maior parte da banana, misturando até ficar homogêneo. Junte a banana restante e a maior parte das nozes tostadas. Transfira para a fôrma preparada, espalhe o restante das nozes e leve ao forno.

5. Asse por cerca de 1 hora, ou até um palito inserido no meio sair limpo. Se o bolo parecer grudento no centro, talvez você precise voltá-lo ao forno por 5-10 minutos. Retire do forno e deixe-o na fôrma por 15 minutos antes de desenformá-lo e transferi-lo para uma grade a fim de esfriar completamente. O bolo pode ser mantido em um recipiente hermético por 3-4 dias.

UTENSÍLIOS: O ESSENCIAL

Com muita frequência, é preciso pouco mais que um garfo ou uma boa faca afiada, mas aqui vai uma lista com alguns utensílios básicos de cozinha que podem ser úteis.

Pilão e almofariz
Muito úteis para amassar alho ou especiarias e pequenas quantidades de abacate.

Ralador em forma de pirâmide
Ideal para ralar cenoura, beterraba ou abobrinha crua e fazer saladas. Um espiralizador é ótimo se você tiver espaço de armazenamento, mas um descascador de legumes liso ou serrilhado exerce a mesma função, só exige um pouco mais de tempo e paciência.

Ralador fino
Esse é um dos utensílios que eu mais uso, excelente para ralar rapidamente alho, gengibre e queijo. Há muitas opções boas à venda.

Espremedor de limão
Limão é o melhor amigo do abacate e é usado em muitas receitas. Não é necessário um apetrecho muito complexo para espremê-lo, basta algo que o ajude a extrair o suco de forma eficiente e a separar as sementes.

Miniprocessador
Não consigo viver sem ele. É incrível para fazer purês rústicos, guacamole, patês e molhos. Também é ótimo para cortar cebola e alho com rapidez. Se não tiver um, o pilão e o almofariz podem ser usados para purês e patês, mas se você passa muito tempo na cozinha, é um investimento importante (e acessível). O mixer é uma boa alternativa.

Processador
Maior que seu irmão em versão míni, é muito útil para fazer grandes quantidades de guacamole ou homus. Também uso para bater massa de bolo ou fazer pasta de oleaginosas, ganache ou massa de sorvete. Pode ser usado para sopas e smoothies, se você não tiver um liquidificador. Quase sempre ele vem com um monte de acessórios úteis, incluindo raladores, espremedores, ganchos de massa e uma tigela menor.

Liquidificador de alta velocidade ou miniliquidificador portátil
Não é essencial, mas com uma lâmina bastante afiada e muita potência é excelente para dar uma textura suave e aveludada a sopas e smoothies. Um bom investimento se você faz smoothies regularmente.

Balança digital
Nas receitas salgadas deste livro, é informado o tamanho do abacate a ser usado, mas alguns gramas aqui ou ali não farão muita diferença. Já nas receitas doces, prefiro ser mais exata, e uma balança digital proporcionará precisão e paz de espírito, o que pode fazer toda a diferença no resultado.

NOTAS ÚTEIS SOBRE OS INGREDIENTES

Como congelar sobras de abacate
Há duas maneiras principais:

♦ Na presente edição foi utilizado o abacate no lugar do avocado da edição original. Todas as medidas das receitas foram adequadas à proporção de 1 avocado = ½ abacate.

♦ O avocado é da mesma família do abacate e com sabor bem semelhante, mas de tamanho menor; é, em média, 10% menos calórico e com valor nutricional maior do que seu primo abacate, e tem consistência mais cremosa e encorpada. Se encontrá-lo, experimente usá-lo no Hash de batata-doce com frijoles (p. 65) e nas receitas de Guacamole (pp. 35 e 37), respeitando a proporção indicada acima.

♦ Todos os vegetais, ervas e ingredientes para salada devem ser bem lavados.

♦ Alho, cebola e echalota [nota p. 16] são usados sem casca a menos que seja pedido de outra maneira.

♦ Limão-siciliano e limão-taiti: eles variam em suculência, então use a quantidade informada nas receitas como guia geral e adicione mais suco a gosto.

♦ Pimentas: a ardência das pimentas pode variar, então é importante usar as receitas como referência e ajustá-las ao seu paladar, acrescentando sementes se preferir um sabor mais picante. Você sempre pode acrescentar mais, mas tirar é difícil.

♦ Sal marinho: prefiro um sal mais natural ou grosso para dar um sabor melhor; o sal refinado geralmente contém aditivos para os cristais não grudarem.

♦ Carne, peixe e ovos: compre o melhor que puder, de preferência de animais criados soltos e de fontes sustentáveis.

♦ Quantidade de tempero: é muito pessoal, então só especifiquei a quantidade de sal quando achei indispensável para a receita. Para as outras, coloque a gosto.

Na forma de purê: bata o abacate no processador com um pouco de suco de limão, transfira para um saco plástico próprio para freezer e etiquete, ou preencha fôrmas de gelo.

Cortado ao meio: corte o abacate ao meio, retire o caroço e a casca, borrife-o com um pouco de suco de limão, embale com um filme de PVC e coloque em um saco plástico próprio para freezer, vede e congele. Descongele antes de usar em smoothies, molhos e patês.

Pesos e medidas
Todas as medidas em cols. – (chá) e (sopa) – são rasas. Antes de usar o abacate, corte-o ao meio, tire o caroço e a casca. Peso médio de 1 abacate (apenas a polpa):
Grande = cerca de 700 g
Médio = cerca de 600 g
Pequeno = cerca de 500 g

ÍNDICE

A
aïoli de abacate e alho assado 17
alho, aïoli de abacate e alho assado 17
atum: salada de atum com abacate 20-1
  tartare de atum e abacate 60

B
bacon: BLT com abacate 72-3
  salada "niçoise" de abacate e bacon 71
banana, bolo inglês de 88-9
batata, salada de batata saudável 76
  chips de batata-doce com maionese de abacate 26-7
bolo inglês de banana 88-9
brownie de chocolate e avelã 86-7

C
camarão: coquetel de camarão e abacate 50-1
  rolinho de camarão e abacate 61-3
caranguejo, salsa de manga e 14-15
cavalinha: cavalinha com abacate e grapefruit 66-7
  pão crocante com picles de abacate 58-9
ceviche de salmão e abacate 52-3
chips de tortilha 34-5
chocolate: brownie de chocolate e avelã 86-7
  creme de cacau com pecãs carameladas 81
  pasta de avelã com cacau 80
  trufa de chocolate com coco 82-3
linguiça, abacate defumado com 38-9
coco: sopa tailandesa de milho e coco 16
  trufa de chocolate com coco 82-3
cítrico com rúcula e truta (abacate) 40-1
creme de cacau 81
croûtons 18-9

D
defumado com linguiça (abacate) 38-9
dukkah tostado 46-7

E
erva-doce: torrada de pão pita com erva-doce e pimenta 36-7

F
fatuche de abacate com faláfel 42-3
filé com salsa de milho-verde 68-9
frijoles, hash de batata-doce com 64-5

G
gorduras, abacate 11
grapefruit, cavalinha com abacate e 66-7
guacamole: guacamole clássico com chips de tortilha 34-5
  guacamole do bem com torrada de pão pita 36-7

H
hash de batata-doce 64-5
homus de abacate 46-7

L
linguine com pesto de abacate 24-5

M
maionese de abacate 26-7
manga, salsa de manga e caranguejo 14-15
maturação (abacate) 11
milho: panqueca de milho com salsa de abacate 54-5
  salsa de milho-verde 68-9
  sopa tailandesa de milho e coco 16
molhos 20, 22-3, 60, 66, 71, 74
molho rosé 51
molho satay de abacate 22-3

N
ovo quente com abacate crocante 56-7

P
panqueca de milho 54-5
pão crocante 58-9
pasta de avelã com cacau 80
pecãs carameladas 81
pesto de abacate 24-5
picles de abacate 58-9
pimenta: torrada de pão pita com erva-doce e 36-7
pistache: sorvete de pistache e abacate 84-5

Q
queijo feta, abacate com ervilha e 44-5

R
rolinho de camarão e abacate 61-3

S
saladas: caesar 18-19
  espiral com satay de abacate 22-3
  de atum com abacate 20-1
  de batata saudável 76
  "niçoise" de abacate e bacon 70-1
  verde 74-5
salsa: de abacate e pimenta 54-5
  de manga e caranguejo 14-15
  de milho-verde e chimichurri 68-9
  verde de abacate 77
shot de gaspacho verde 14-15
sopa tailandesa de milho e coco 16
sorvete de pistache e abacate 84-5

T
tartare de atum e abacate 60
temperado (abacate) 42
torrada: de gergelim (tartare de atum e abacate) 60
  de pão pita com erva-doce e pimenta 36-7
  tostadas (ceviche de salmão e abacate) 52-3
truta, abacate cítrico com rúcula e 40-1
utensílios 90

V
smoothies: cremoso 31
  verde, 31
  vermelho 30
  tropical, 30

W
wasabi de abacate, molho de 20-1

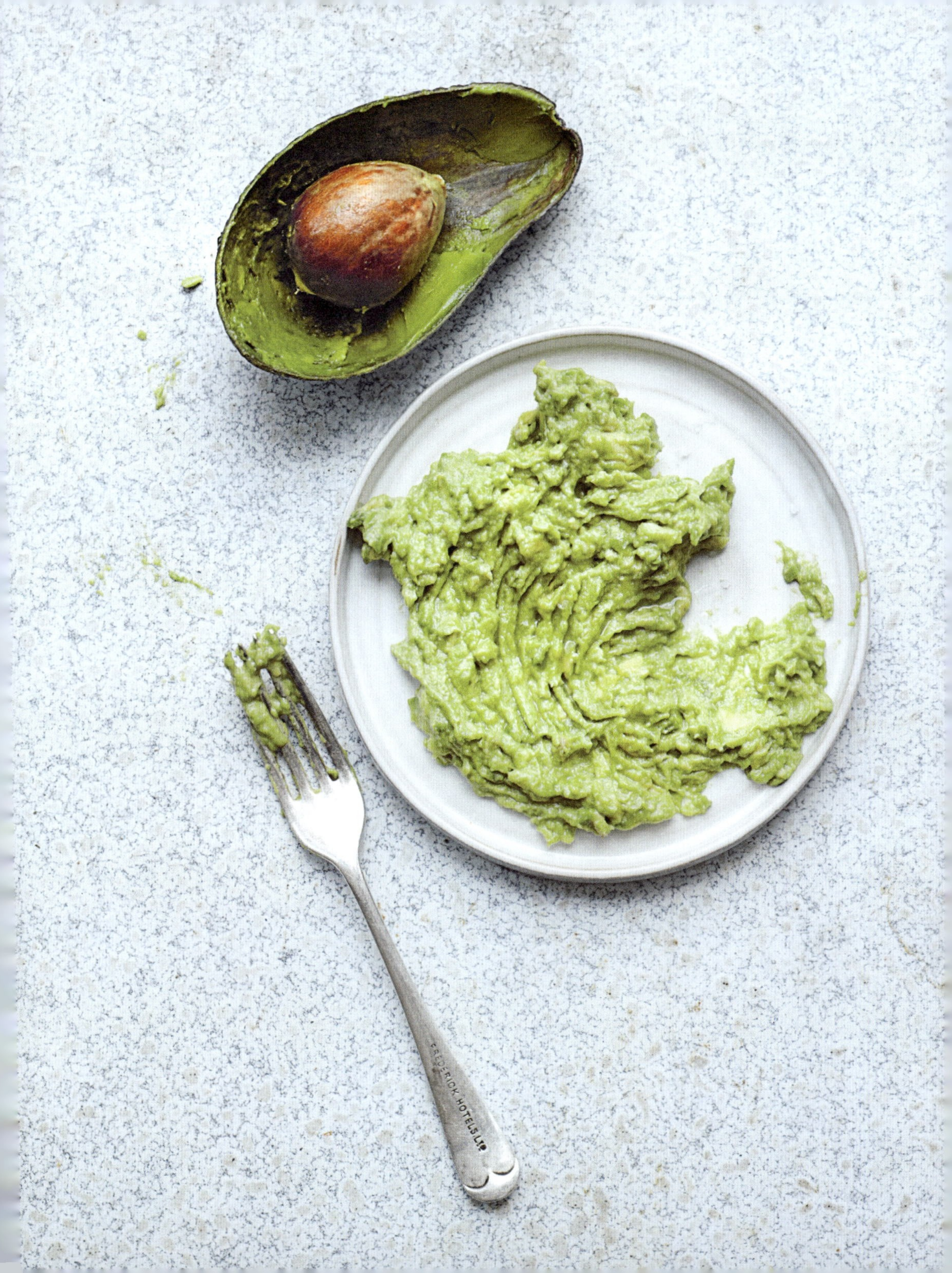
FREDERICK HOTELS

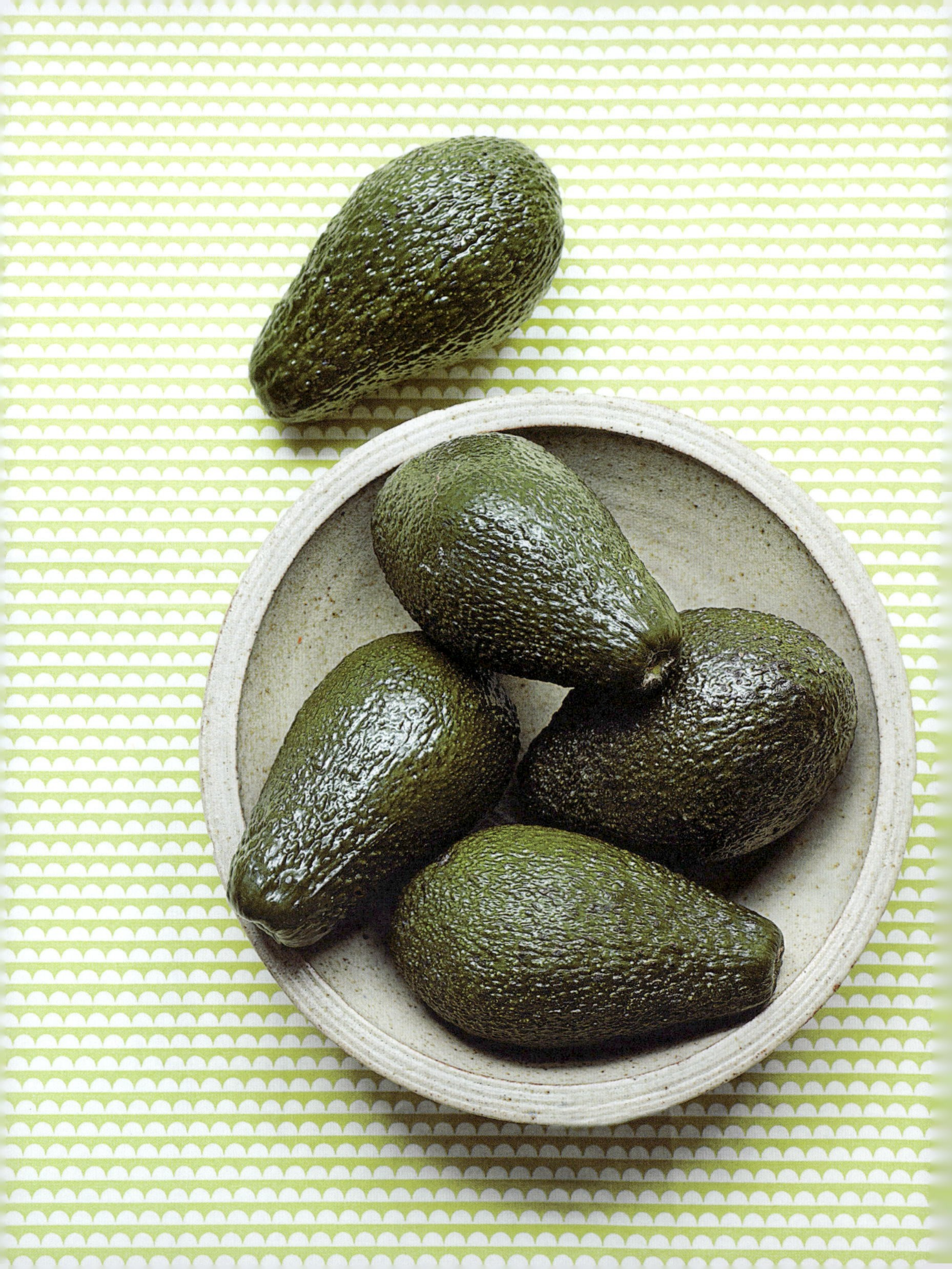

AGRADECIMENTOS

Depois de inúmeras ideias, testes, fotografias e, possivelmente, centenas de abacates, o livro está pronto, ou quase. Antes, há alguns agradecimentos importantes a serem feitos.

Meu primeiro obrigada tem que ser para a Kyle, pela oportunidade de escrever meu primeiro livro de receitas. Eu lhe sou muito grata pela chance de escrever quarenta receitas usando um ingrediente que eu amo de verdade. Adorei cada parte do processo, então muito obrigada.

Também gostaria de dizer um grande obrigada a toda a equipe da Kyle Books; admiro o trabalho feito nos bastidores; a atenção com os detalhes e a busca inigualável pela perfeição. Sobretudo a Vicky, por me ajudar a transformar a ideia em realidade, e a Claire, pela paciência, pelos conselhos e pelo apoio durante todo o processo. E um grande obrigada a Helen, por seu design mágico e por costurar os capítulos tão lindamente.

Tenho muita sorte de ter trabalhado com uma equipe tão fantástica e talentosa – as sessões de fotos foram um trabalho muito duro, então agradeço especialmente a todos os que fizeram desses dias uma alegria e também um sucesso.

Para Clare – o que posso dizer? Suas fotografias são uma inspiração, e estou boquiaberta com a maneira como você faz essa habilidade parecer algo tão fácil. Gostei muito das nossas sessões de fotos; sua atitude de que "nada é trabalhoso demais", sua compostura inabalável e seu senso de humor foram inestimáveis.

Wei, obrigada por trazer seu toque único e seu entusiasmo a este projeto. Sua produção é simplesmente perfeita – e é adorável trabalhar com você.

Jenna, obrigada por amar abacates tanto quanto eu e por todo o seu trabalho. Você é uma cozinheira maravilhosa.

Finalmente, agradeço à minha família pelo amor, pelo apoio e pelo interesse no meu trabalho. Isso significa muito para mim. E por último, mas não menos importante, a Ian, por aguentar minha imersão no abacate por vários meses e por ficar animado com sua quinta refeição com abacate no final de semana. Agradeço a você por sua honestidade e seu paladar exigente, mas, acima de tudo, por me desafiar e inspirar e também por acreditar em mim.

Título original: *The Goodness of Avocado*
Publicado originalmente na Grã-Bretanha em 2016 pela Kyle Books,
um selo da Kyle Cathie Ltd, 192-198 Vauxhall Bridge Road, SW1V 1DX,
Londres, Inglaterra.
Copyright do texto © 2016 Lucy Jessop
Copyright do projeto gráfico © 2016 Kyle Books
Copyright das fotos © 2016 Clare Winfield, exceto pp. 6-7 © iStock.
com/TommyIX
Copyright das ilustrações © 2016 Jenni Desmond
Copyright © 2017 Publifolha Editora Ltda.

Todos os direitos reservados. Nenhuma parte desta obra pode
ser reproduzida, arquivada ou transmitida de nenhuma forma
ou por nenhum meio sem a permissão expressa e por escrito
da Publifolha Editora Ltda.

Proibida a comercialização fora do território brasileiro.

Coordenação do projeto: Publifolha
Editora-assistente: Isadora Attab
Coordenadora de produção gráfica: Mariana Metidieri

Produção editorial: A2
Coordenação: Sandra R. F. Espiloltro
Tradução: Laura Schichvarger
Consultoria culinária: Luana Budel
Preparação de texto: Carla Fortino
Revisão: Maria A. Medeiros, Carmen T. S. Costa

Edição original: Kyle Books
Editora de projeto: Claire Rogers
Editora de texto: Eve Pertile
Designer: Helen Bratby
Fotos: Clare Winfield
Ilustração: Jenni Desmond
Produção culinária: Lucy Jessop
Assistente de produção culinária: Jenna Leiter
Produção de objetos: Wei Tang
Produção: Nic Jones e Gemma John
Design da capa: Helen Bratby
Fotos da capa e contracapa: Clare Winfield

NOTA DO EDITOR

Apesar de todos os cuidados tomados na elaboração das receitas
deste livro, os editores não se responsabilizam por erros ou omissões
decorrentes da preparação dos pratos.

Pessoas com restrições alimentares, grávidas e lactantes devem
consultar um médico especialista sobre os ingredientes de cada receita
antes de prepará-la.

As fotos deste livro podem conter acompanhamentos ou ingredientes
meramente ilustrativos.

Em todas as receitas deste livro, foram usados ovos orgânicos.

Observações, exceto se orientado de outra forma:
Use sempre ingredientes frescos.
O forno deve ser preaquecido na temperatura indicada na receita.

Equivalência de medidas:
• 1 colher (chá) = 5 ml
• 1 colher (sopa) = 15 ml
• 1 xícara (chá) = 250 ml

Nas listas de ingredientes, as indicações entre colchetes correspondem
à consultoria culinária específica para a edição brasileira.

Na presente edição o avocado, da edição original, foi substituído pelo
abacate, mais facilmente encontrado no Brasil. Todas as medidas das
receitas deste livro foram adequadas a essa troca, na proporção de
1 avocado = ½ abacate.

Abreviaturas: col. (colher) / cols. (colheres).

Dados Internacionais de Catalogação na Publicação (CIP)
(Câmara Brasileira do Livro, SP, Brasil)

Jessop, Lucy
    Os benefícios do abacate : 40 receitas deliciosas para fortalecer
a saúde / Lucy Jessop ; [tradução Laura Schichvarger] ; fotos de Clare
Winfield. -- São Paulo : Publifolha, 2017. -- (Os Benefícios)

    Título original: The goodness of avocado
    ISBN: 978-85-68684-84-9

    1. Alimentação - História 2. Abacate 3. Culinária 4. Gastronomia
5. Receitas culinárias I. Winfield, Clare. II. Título III. Série.

17-02235   CDD-641.64

Índices para catálogo sistemático:
1. Abacate : Culinária : Receitas : Economia doméstica 641.64

Este livro segue as regras do Acordo Ortográfico da Língua
Portuguesa (1990), em vigor desde 1º de janeiro de 2009.

Impresso na China.

PUBLIFOLHA

Divisão de Publicações do Grupo Folha
Al. Barão de Limeira, 401, 6º andar
CEP 01202-900, São Paulo, SP
www.publifolha.com.br